新能源汽车检测与维修专业技能人才培养工学一体化课程教材

新能源汽车空调故障诊断与排除

吴 飞 刘爱志/主 编
姚 壮 毕胜强 徐继勇/副主编
孟 磊/主 审

人民交通出版社
北 京

内 容 提 要

本书是新能源汽车检测与维修专业技能人才培养工学一体化课程教材之一。其主要内容包括新能源汽车空调制冷不良故障诊断与排除、新能源汽车空调暖风不良故障诊断与排除、新能源汽车空调工作异响故障诊断与排除。

本书可作为技工院校预备技师、中高级工层级新能源汽车检测与维修专业和中高职院校新能源汽车技术专业的教材,也可供新能源汽车维修人员及相关技术人员参考使用。

本教材配套数字资源,读者可免费扫码观看和在线学习;本教材同时配有教学课件,教师可通过加入汽车技工研讨群(QQ:428147406)获取。

图书在版编目(CIP)数据

新能源汽车空调故障诊断与排除/吴飞,刘爱志主编.—北京:人民交通出版社股份有限公司,2025.1.(2025.7重印)
ISBN 978-7-114-19656-0

Ⅰ.U469.703

中国国家版本馆 CIP 数据核字第 2024C25H21 号

书　　名:	新能源汽车空调故障诊断与排除
著 作 者:	吴　飞　刘爱志
责任编辑:	钟　伟　郭　跃
责任校对:	赵媛媛　魏佳宁
责任印制:	张　凯
出版发行:	人民交通出版社
地　　址:	(100011)北京市朝阳区安定门外外馆斜街3号
网　　址:	http://www.ccpcl.com.cn
销售电话:	(010)85285911
总 经 销:	人民交通出版社发行部
经　　销:	各地新华书店
印　　刷:	北京市密东印刷有限公司
开　　本:	787×1092　1/16
印　　张:	9.5
字　　数:	190 千
版　　次:	2025年1月　第1版
印　　次:	2025年7月　第2次印刷
书　　号:	ISBN 978-7-114-19656-0
定　　价:	36.00元

(有印刷、装订质量问题的图书,由本社负责调换)

编审委员会名单

主任委员 文爱民
副主任委员 戴良鸿 沐俊杰 魏垂浩
委　　员 (按照姓氏笔画排序)

广禹春　王玉彪　王　杰　王　瑜　王　雷
毛红孙　朱建勇　刘　卯　刘　宇　刘轩帆
刘　健　刘爱志　刘海峰　汤　彬　许云珍
杨雪茹　李长灏　李永富　李学友　李　轶
肖应刚　吴　飞　张　薇　陈志强　陈李军
陈金伟　陈新权　孟　磊　郝庆民　姚秀驰
夏宝山　晏和坤　高窦平　郭志勇　郭　锐
郭碧宝　唐启贵　黄　华　黄辉镀　彭红梅
彭钰超　解国林　樊永强　樊海林

前言
Preface

为进一步贯彻落实《关于深化技工院校改革 大力发展技工教育的意见》和《技工教育"十四五"规划》《推进技工院校工学一体化技能人才培养模式实施方案》等文件精神，对接汽车产业发展新趋势，满足新能源汽车领域高质量发展对高素质技术技能人才的需求，人民交通出版社特组织江苏汽车技师学院、广西交通技师学院、贵州交通技师学院、杭州技师学院、浙江交通技师学院、江苏省交通技师学院、广西工业技师学院、北京汽车技师学院、日照技师学院等20余所院校，共同编写了新能源汽车检测与维修专业技能人才培养工学一体化课程教材。

工学一体化培养模式是依据国家职业技能标准及技能人才培养标准，以综合职业能力培养为目标，将工作过程和学习过程融为一体，培育德技并修、技艺精湛的技能劳动者和能工巧匠的人才培养方式。本套教材秉承上述理念，落实《技工院校教材管理工作实施细则》相关要求，遵循知识和技能并重的改革方向，根据技工教育的特点以及技工院校学生的学习情况进行编写，具有以下特点：

(1)教材编写依据最新发布的《新能源汽车检测与维修专业国家技能人才培养工学一体化课程标准》，贯彻以学生为中心、以能力为本位的教学理念，构建难度适当的理论知识体系，以学生的实操内容及职业素养培养为核心，围绕典型学习任务设计教材任务、活动，突出知识的实用性、综合性和先进性。教材按照六步法"资讯、计划、决策、实施、检查、评估"编写而成，充分实现思想政治教育、知识传授、技能培养融合统一，持续推动技工院校内涵发展和特色发展。

(2)在教材中融入了丰富的课程思政元素及党的二十大精神内容，选取国产汽车品牌进行详解，培养学生的国产品牌意识，增强民族自信，体现"培根铸魂，启智润心"教育目标，实现思想政治教育与技术技能培养的有机结合。

(3)教材编写过程中充分吸纳行业、企业专家的相关建议，深入了解目前行业、企业对新能源汽车类专业人才的实际需求，由相关企业提供部分配套的教学资源和技术支持，使行业、企业人员真正深度参与教材编写与开发，以进一步提高技能人才培养质量，帮助学生从学校学习到就业工作紧密衔接。

(4)教材配备了丰富的教学资源(纸数融合)，教材的知识点以二维码链接动画、视频资源，所有教材配有课件、习题及答案等，满足学生个性化学习的需求，提升教材使用体验感。

  本书以新能源汽车检测与维修专业工学一体化课程标准为依据,以新能源汽车空调制冷不良故障诊断与排除、新能源汽车空调暖风不良故障诊断与排除、新能源汽车空调工作异响故障诊断与排除三个典型工作任务为基础开展学习活动,以资讯、计划、决策、实施、检查、评估六步法组织教学活动,充分体现了职业教育的特点,满足新能源汽车空调维修领域专业技术人才培养的需求。

  本书在编写过程中有多位全国技术能手、省级技能大师深入参与内容开发,以真实的生产项目、典型的工作任务和企业案例为载体组织教学单元。实训车型以大众ID.4、比亚迪秦为主,让学习者能够掌握常见新能源汽车的共性与区别。

  本书由江苏省交通技师学院吴飞、刘爱志担任主编,由广西交通技师学院姚壮、江苏省交通技师学院毕胜强、镇江技师学院徐继勇担任副主编,参编人员有江苏省交通技师学院陈李军、王瑜,浙江交通技师学院陈新权、郝庆民,长安马自达汽车有限公司徐龙建等。本书由杭州技师学院孟磊担任主审。书中共有三个典型学习任务,学习任务一由吴飞、毕胜强、陈新权共同编写,学习任务二由刘爱志、徐继勇、王瑜共同编写,学习任务三由姚壮、陈李军、郝庆民共同编写。长安马自达汽车有限公司徐龙建、镇江常力汽车销售服务有限公司朱辉给予技术支持。吴飞、刘爱志对全书进行了统稿。

  在编写本书过程中借鉴和参考了大量国内外的汽车技术资料、维修资料和相关书籍,在此向相关资料的作者深表感谢!由于编者水平有限,编写时间仓促,书中难免有错误和疏漏之处,恳请读者指正。

编　者

2024 年 8 月

目录
Contents

学习任务一　新能源汽车空调制冷不良故障诊断与排除 ………………………………………… 1
　　学习活动 1　空调制冷系统性能检测 …………………………………………………………… 2
　　学习活动 2　制冷剂不足故障诊断与排除 ……………………………………………………… 17
　　学习活动 3　电动压缩机不工作故障诊断与排除 ……………………………………………… 30
　　学习活动 4　鼓风机不工作故障诊断与排除 …………………………………………………… 46
　　习题 ………………………………………………………………………………………………… 60

学习任务二　新能源汽车空调暖风不良故障诊断与排除 ………………………………………… 63
　　学习活动 1　PTC 加热器故障诊断与排除 ……………………………………………………… 64
　　学习活动 2　热泵空调系统暖风不良故障诊断与排除 ………………………………………… 78
　　习题 ………………………………………………………………………………………………… 95

学习任务三　新能源汽车空调工作异响故障诊断与排除 ………………………………………… 97
　　学习活动 1　电动压缩机工作异响故障诊断与排除 …………………………………………… 98
　　学习活动 2　鼓风机工作异响故障诊断与排除 ………………………………………………… 111
　　学习活动 3　空调风道异响故障诊断与排除 …………………………………………………… 122
　　习题 ………………………………………………………………………………………………… 137

附录　本教材配套数字资源列表 …………………………………………………………………… 140
参考文献 ……………………………………………………………………………………………… 141

学习任务一

新能源汽车空调制冷不良故障诊断与排除

学习目标

知识目标

1. 能叙述新能源汽车空调系统的作用和性能指标,以及新能源汽车空调制冷系统制冷剂和冷冻油的类型。

2. 能叙述新能源汽车空调制冷系统的组成、工作原理,以及电动压缩机控制原理和电动压缩机不工作常见故障诊断与处理的方法。

3. 能叙述鼓风机的作用、功能,以及鼓风机控制方式和鼓风机不工作常见故障诊断与处理的方法。

技能目标

1. 能正确解读和分析新能源汽车空调制冷不良故障维修任务工单,正确操作新能源汽车空调制冷系统,运用故障现象再现方法确认故障现象,记录新能源汽车空调制冷系统故障数据信息。

2. 能查阅并参照国家标准、行业标准、企业技术规程、车辆维修手册、车辆用户手册、新能源汽车空调电路图等技术资料,运用鱼骨图分析方法,制订新能源汽车空调制冷不良故障诊断与维修方案。

3. 能根据故障诊断与维修方案,确定作业所需的风速计、温度计、空调性能诊断仪、制冷剂加注机、万用表、示波器、新能源汽车故障诊断仪、常用拆装工具、防护工具等工具、材料、设备,准确领取和检查相关工具、材料、设备。

4. 能根据故障诊断与维修方案,正确操作制冷剂加注机、万用表、新能源汽车故障诊断仪等专用诊断设备,在规定时间内通过外观检查、数据检测、故障码读取等方法,规范检测制冷剂压力、电动压缩机元件及控制电路、鼓风机元件及控制电路等,查找新能源汽车空调制冷不良故障的故障点并进行修复。

5. 能遵循国家标准、行业标准及企业技术规程,基本遵守企业质检流程,完成新能源汽车空调制冷系统功能检验,填写任务工单。

新能源汽车空调故障诊断与排除

素养目标

1. 能展示新能源汽车空调制冷不良故障诊断与维修方案,制冷不良故障诊断和排除的技术要点,总结工作经验,分析不足,提出改进措施。
2. 能对维修场地设备进行日常维护,按"8S"管理规定要求清理现场。
3. 能在作业过程中严格执行企业操作规范、安全生产制度、环保管理制度,严格遵守从业人员的职业道德,具有吃苦耐劳、爱岗敬业的工作态度和职业责任感。

参考学时

42学时。

任务描述

某新能源汽车售后服务企业接收到一辆有故障的新能源汽车,客户反映车辆空调制冷不良,初步诊断是空调制冷系统故障,需要对该故障进行诊断与排除。学生要在2学时内,运用专用诊断及检测设备,结合故障现象和车辆维修手册的相关指引,检查并确定引起故障现象的原因,并通过线路修复或部件更换的方式使车辆空调制冷系统性能恢复正常。

学生从教师处接受任务安排,通过阅读任务工单,明确任务要求,联系客户或服务顾问(由教师或学生扮演)确认新能源汽车空调制冷不良的故障现象;依据国家标准、行业标准、车辆维修手册、车辆用户手册和制冷系统电路图制订故障诊断与维修方案;根据故障诊断与维修方案,从工具、材料、设备管理人员(由教师扮演)处准确领取所需工具、材料、设备;遵循企业维修工作规程,查找、确定并修复新能源汽车空调制冷不良的故障点,检验合格后填写作业检查单,最后交由教师进行验收。

工作过程中,学生应严格遵守国家、行业标准,执行企业操作规程,自觉遵守企业质量、安全、环保及"8S"管理等制度规定。

学习活动1 空调制冷系统性能检测

情景描述

一辆新能源汽车进入4S店,客户反映打开空调后感觉制冷效果较差,维修人员需确认客户反映问题,用专用设备检测空调制冷性能。

任务要求

请你根据情景描述,在规定的时间内,分别完成新能源汽车空调制冷系统性能检测的方案编制和具体操作:

1. 列出需要和车主沟通的内容;
2. 完成车辆接车检查,填写好接车检查单;
3. 根据情景描述的故障现象,查阅维修手册等资料,制订详细的新能源汽车空调制冷系统性能检测方案,并说明理由;
4. 查阅维修手册,对新能源汽车空调制冷系统性能进行检测;
5. 列出在新能源汽车空调制冷系统性能检测中需要注意的事项。

任务分组

全班学生分成5~6个学习小组,每小组4~6人,根据每组人数进行任务分工,部分任务可合并。

班组长(安全管理员、车间主管):任务布置,组员分工,安全督察,质量检验。

操作员(服务顾问、维修技师):接待问诊,基本检查,故障现象确认,检测操作,故障确认。

观察记录员(配件管理员、工具管理员):耗材准备,工具设备准备,维修资料查阅,记录故障现象、检测数据、故障点、故障处理措施等信息。

 计划

汽车空调功用

知识链接

(一)汽车空调的作用

汽车空调是对车内空气的温度、湿度、流速、清洁度等参数进行调节,并控制在舒适的标准范围之内的装置。现代化汽车空调大大改善了乘员的车内环境,其基本功能是改善驾驶人的工作条件和提高乘员的舒适性。除了提高舒适性外,汽车空调还能极大地提高汽车的安全性。汽车空调本身不能提高安全性,但是汽车有了空调系统后,能极大地减轻驾驶人的疲劳强度,从而降低交通事故的发生率(据统计资料显示,交通事故可降低12%~15%)。

(1)调节车内温度:汽车空调在冬季利用其采暖装置升高车内温度,在夏季利用制冷装置对车内降温。

(2)调节车内湿度:利用制冷装置冷却降温去除空气中的水分,再由采暖装置升温

以降低空气的相对湿度。

(3) 调节车内空气流速：夏季空气流速稍大有利于人体散热降温，冬季气流速度过大影响人体保温，因此夏季舒适风速一般为 0.25m/s，冬季的舒适风速一般为 0.2m/s。

(4) 过滤净化车内空气：由于车内空间小，乘员密度大，车内极易出现缺氧，而车外道路上的粉尘等又容易进入车内造成空气污浊，影响乘员的身体健康，因此要求空调必须具有补充车外新鲜空气、过滤和净化车内空气的功能。

（二）汽车空调的指标

绝大多数现代轿车与轻型汽车安装有汽车空调，汽车越高级，空调性能越好。汽车空调的指标主要有热、湿负荷及舒适性参数等。

(1) 热、湿负荷。热、湿负荷是确定空调系统送风量和空调设备容量的基本依据。

(2) 舒适性参数。车内平均温度：夏季为 25~28℃；冬季为 15~18℃。车内外温差：夏季为 5~7℃；冬季为 10~12℃。

在汽车空调的指标中，温度是最重要的指标。20~28℃ 是人感到最舒适的温度范围，温度超过 28℃，人就会觉得燥热，温度越高，越觉得头昏脑涨，精神集中不起来，思维迟钝，容易造成事故；温度超过 40℃，称为有害温度，对身体的健康造成损害。温度低于 14℃，人就会感觉到"冷"，温度越低，越觉得手脚僵硬，不能灵活操作机器。

汽车空调的第二个指标是湿度。湿度指标是用相对湿度来表示的。相对湿度在 50%~60% 时人体感觉最舒适，在这种湿度环境中，人会觉得心情舒畅，湿度过高，就会觉得闷，相反，环境的湿度太小，人的皮肤会痒。在冬天，气候比较干燥，要求汽车空调将车内湿度控制在 50%~70%。

汽车空调的第三个指标是空气的清新度。由于车内空间小、乘员密度大，并且发动机废气和道路上的粉尘都容易进入车内，容易造成车内空气污浊，严重影响乘员的舒适性。因此，汽车空调必须具有补充足够新鲜空气的功能，具有对空气过滤吸附的功能，以保证车内空气的清新度。

汽车空调的第四个指标是控制空气流动速度与方向。为保持人体舒适，要保证空气的更换速度，有两方面的含义：一是车内空气的更换速度，即引入外界新鲜空气的比例，外界新鲜空气进入量的多少由新鲜空气阀开度的大小来控制；二是车内空气的流动速度，车内空气的流动速度主要解决车内温度不均现象，这种情况主要由出风口的位置、出风方向、鼓风机挡位等来决定。

汽车空调的特殊要求是具有除霜功能。这是由于车内外温度相差太大时，在玻璃上出现雾或霜，会影响驾驶人的视线。

（三）新能源汽车空调的检测工具

1. 温度计

温度计是检测新能源汽车空调系统的重要工具，常用的温度计有玻璃管温度计、电子数字温度计等多种。为了更加准确和可靠地检测温度,建议使用电子数字温度计。

双通道热电偶温度计 TIF3310 有两个热电偶接口(图 1-1),将热电偶(T1、T2)插入仪器上端的接口,如图 1-2 所示,可以同时测量空调系统两个不同位置的温度,并读取温度差,得到温差比较结果。如:通过测量车厢内、外的温差,检测空调系统的制冷效率;通过测量冷凝器、蒸发器、压缩机等部件的进出口温差,检测空调部件的热交换效率等。

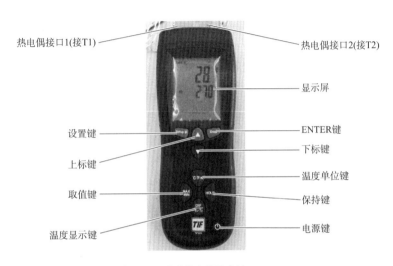

图 1-1　双通道热电偶温度计 TIF3310

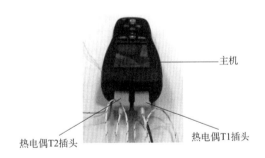

图 1-2　热电偶与主机

2.干湿计

在不同的湿度下,相同的温度所带来的凉爽程度是不同的,而且湿度过大不可进行空调系统维修,因此测量环境温度和湿度是空调系统维修中很重要的一个环节。干湿计可用于测量环境温度和湿度,利用热电偶测量空调部件内部温度,利用红外线测量物体表面温度。

干湿计 TIF3110IR 主要由热电偶、环境温度和湿度传感器、显示屏、键盘、红外线射窗及红外线射窗接收器组成,如图 1-3 所示。干湿计键盘说明如图 1-4 所示。

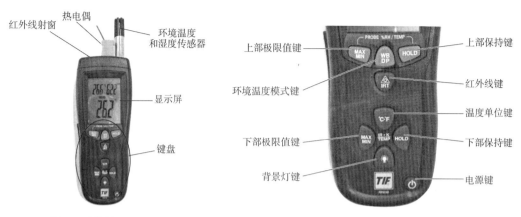

图 1-3　干湿计 TIF3110IR　　　　图 1-4　干湿计键盘说明

3．风速计

风速计可以用风扇测量空调出风口的风速/风量，用温度传感器（在风扇内部）测量风扇处的温度以及用红外线测量物体表面温度。

风速计 TIF3220 主要由红外线射窗、显示屏、主机、键盘、风扇（转速传感器、温度传感器）等组成，如图 1-5 所示。风速计键盘说明如图 1-6 所示。

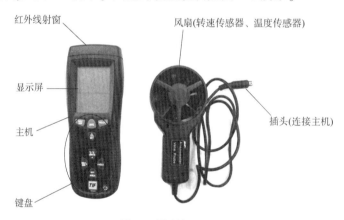

图 1-5　风速计 TIF3220

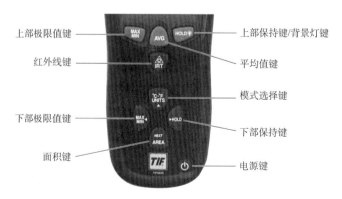

图 1-6　风速计键盘说明

4. 新能源汽车空调性能诊断仪

新能源汽车空调系统在维修过程中需要对空调系统的各相关参数进行监控、对比、分析,对空调系统性能进行综合判断。新能源汽车空调性能诊断仪通过测量高压、低压、管路温度及相关数据,诊断空调制冷系统的性能,检测空调制冷系统的部件,并给出综合诊断报告。

新能源汽车空调性能诊断仪可以同时检测的参数有:

(1)空调高、低压管路的压力;

(2)冷凝器进、出口的温度;

(3)蒸发器进、出口的温度;

(4)环境温度与相对湿度;

(5)出风口的温度、湿度;

(6)线性压力传感器数值;

(7)压缩机工作电压。

图1-7所示为新能源汽车空调性能诊断仪(RA007PLUS),主要由主机、数据线、光盘、充电器、电源线、温度传感器TK1~TK4(4个)、低压传感器、高压传感器、温度和湿度传感器等组成。

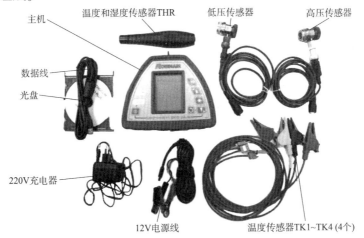

图1-7 新能源汽车空调性能诊断仪(RA007PLUS)

任务确认

1. 明确工作任务

认真阅读工作情景描述,用彩笔标记关键词,明确工作任务和工作要求(表1-1)。

工作任务和工作要求　　　　表1-1

工作任务	
工作要求	

2. 接车检查

结合接车检查单记录客户描述的问题，完成随车物品检查、车辆外观检查、车辆内饰检查。

3. 故障现象确认

(1)打开点火开关，观察组合仪表是否有故障灯点亮？

组合仪表故障灯点亮情况：______________________________。

(2)按下 A/C 开关，打开鼓风机，观察出风口是否有冷风出来？

进一步确认故障现象为：______________________________。

4. 接车检查单填写

请根据沟通内容、接车检查以及故障现象，填写接车检查单。

<table>
<tr><td colspan="8">一汽大众某店车辆环检问诊单
是否预约　是□　否□　车牌号__________　　接车时间：　年　月　日　时　分</td></tr>
<tr><td rowspan="3">基本信息</td><td rowspan="3">车主□　送修人□</td><td>姓名</td><td></td><td>车型</td><td></td><td>购车日期</td><td></td></tr>
<tr><td>电话</td><td></td><td>备用电话</td><td></td><td>总里程</td><td></td></tr>
<tr><td>VIN 码</td><td colspan="3"></td><td>EV 里程</td><td></td></tr>
<tr><td>顾客描述</td><td colspan="7">维　护：□首次维护　□强制维护　□一般维护　□常规维护
发动机：□难起动　□怠速不稳　□动力不足　□油耗高
□易熄火　□抖动　□加速不良
异　响：□发动机　□底盘　□行驶　□变速器
□制动　□仪表台　□座椅车门
灯　亮：□发动机故障灯　□SVS 灯　□ABS 灯　□空气囊灯
□机油压力报警灯　□胎压报警　□EPS 灯/REPS 灯门　□ESP 灯
□充电系统灯　□动力系统故障灯　□电机故障灯　□主警告指示灯
□动力蓄电池故障灯　□发动机冷却液报警灯　□电机冷却液报警灯
空　调：□不制冷　□异响　□有异味　□出风冷热不均
漏　水：□冷却液　□车身　□天窗　□前挡风　□后挡风
漏　油：□发动机　□变速器　□制动　□转向
事　故：□保险事故整形油漆　□局部整形补漆
具体描述(5W2H)：</td></tr>
<tr><td>物品确认
(有✓无×)</td><td colspan="6">□备胎　□随车工具　□灭火器　□点烟器　□警示牌　□充电线　□其他________</td><td rowspan="2">油量

电量
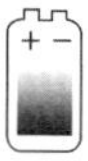

__%</td></tr>
<tr><td>环车检查</td><td colspan="6">内饰检查□　　外观检查□
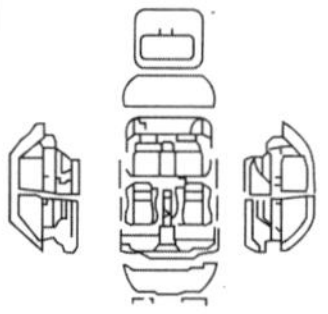　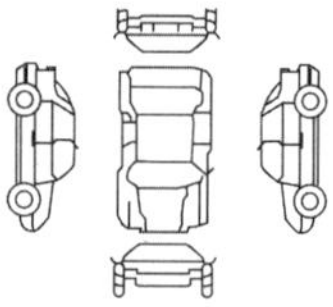
检查结果：良好✓　异常×</td></tr>
</table>

续上表

服务顾问提醒	1. 维修旧件(非索赔件)处理：□顾客要求带走　　□顾客选择不带走 2. 维修后洗车：　　　　　□洗车　　　　　□不洗车 3. 维修后充电：　　　　　□充电　　　　　□不充电　　□预估充电用时_____ 4. 已提醒您将车内贵重物品带离车辆并妥善保管。□已确认 服务顾问　　　　　　　　　　　　　顾客签字			
服务/技术顾问初步建议	签名：			
维修班组诊断结果	维修项目	所需备件	备件确认	索赔确认
			□有□无	□是□否
			□有□无	□是□否
			□有□无	□是□否

三　决策

计划步骤 >>>

根据新能源汽车空调制冷系统指标要求，编制新能源汽车空调制冷系统性能检测的实施方案。

步骤1：_____
步骤2：_____
步骤3：_____
步骤4：_____
步骤5：_____
步骤6：_____
步骤7：_____
步骤8：_____

人员安排 >>>

请小组商量后，决定每个同学的角色及分工（表1-2）。

角色及分工　　　　　　　　　　表1-2

班级		组号		指导老师	
组长		任务分工			
组员1		任务分工			
组员2		任务分工			

新能源汽车空调故障诊断与排除

续上表

组员3		任务分工	
组员4		任务分工	
组员5		任务分工	
组员6		任务分工	

工具准备

请根据新能源汽车空调制冷系统性能检测需求,列出所需的工具设备清单(表1-3)。

工具设备清单　　　　　　　　　　表1-3

序号	工具设备名称	单位	数量	备注
1	三件套(车内和车外)	套	2	
2	常用防护装备(手套、护目镜、头盔等)、维修工具(绝缘拆装工具套装)	套	2	
3	实训车辆	台	2	
4	温度计	个	2	
5	干湿计	个	2	
6	风速计	个	2	
7	新能源汽车空调性能诊断仪	个	2	

注意事项

请根据操作条件,列举出操作时的注意事项(表1-4)。

操作注意事项　　　　　　　　　　表1-4

序号	维修工序内容	注意事项
1	查阅维修手册、仪器使用说明书	
2	温度、湿度、风速检测	
3	新能源汽车空调制冷系统性能检测	
4	复检	

四、实施

(一)测量空调制冷系统温度、风速

工具设备准备:温度计(TIF3310)、风速计(TIF3220)。测量空调制冷系统温度、风

速操作步骤见表 1-5。

测量空调制冷系统温度、风速操作步骤　　　　　表 1-5

操作步骤	示范图例
（1）车辆准备。正确放置车轮挡块、安装车内三件套,检查驻车制动挡位(应处于 P 挡),准备任务工具	
（2）检测空调出风口温度。将温度计的两个热电偶分别插入出风口的风道内,检测出风温度并比较。 测量结果记录：＿＿＿＿＿＿＿＿	
（3）检测空调出风口风速和温度。将风速计风扇放置在出风口处,检测出风风速和温度。检测时需注意风扇放置方向,使风沿着箭头方向吹入风扇。 测量结果记录：＿＿＿＿＿＿＿＿	

（二）检测空调制冷系统性能

工具设备准备：新能源汽车空调性能诊断仪（RA007PLUS）。检测空调制冷系统性能操作步骤见表1-6。

检测空调制冷系统性能操作步骤　　　　　　　　表1-6

操作步骤	示范图例
(1)车辆准备。正确放置车轮挡块、安装车内三件套,检查驻车制动挡位(应处于P挡),准备任务工具	
(2)连接传感器。将传感器与主机连接。 注意:线束的颜色与主机接口的颜色要对应	
(3)安装传感器。将2个压力传感器和4个温度传感器安装到空调系统相应位置	接在空调管路的高压阀上　　接在空调管路的低压阀上 夹在冷凝器出口金属管上　夹在冷凝器入口金属管上　夹在蒸发器出口金属管上　夹在蒸发器入口金属管上
(4)TK1等温度传感器的热电偶与金属管壁充分接触,夹的位置靠近测量部件(冷凝器或蒸发器)	热电偶

续上表

操作步骤	示范图例
(5)开机。 ①按住电源键,开机,显示主菜单。 ②使用光标键,选择菜单。 ③按确认键,进入相应菜单	
(6)语言设置。第一次使用设备时,需要对语言进行设置。 ①按光标键,选择设置菜单,按确认键。 ②按光标键,选择第三项的语言项目,按确认键。 ③按光标键,选择第二项的英文,按确认键。 ④按返回键,返回主菜单	
(7)进入空调测量菜单。按光标键,选择空调测量菜单,按确认键,进入空调测量菜单	
(8)进入空调配置菜单。选择空调配置,按确认键	

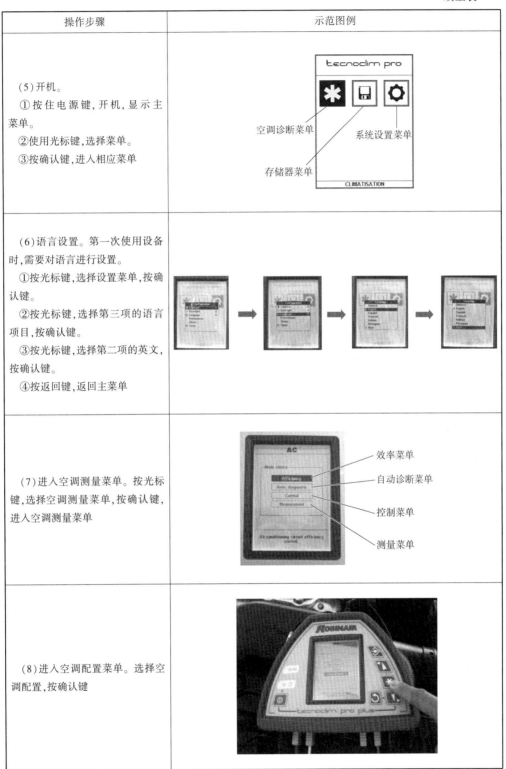

续上表

操作步骤	示范图例
(9)配置空调参数。按光标键和确认键,配置空调参数	维修接口阀门(两阀、低压阀或高压阀);压力传感器类型(线性或机械);空调压缩机类型(可变或定排量);膨胀装置类型(膨胀阀或节流管)
(10)连接 THR 传感器。将 THR 传感器放在距离车辆 2m 处,按确认键	2m;确认键
(11)设置空调工况。根据系统提示设置空调工况:制冷打开、正面出风模式、温度设置最低、外循环模式、鼓风机转速设置为最高	
(12)测量结果。 测量结果记录:_____	高压;低压;冷凝器进口温度;冷凝器出口温度;蒸发器进口温度;蒸发器出口温度;环境温度;环境湿度

五 检查

结合本学习活动操作过程,对任务执行过程中的操作规范性进行检查,总结规范的操作方法,并将检查结果填写在表 1-7 中。

检查结果　　　　　　　　　　　　　　　　　　　　　　　表1-7

项目	结果
是否正确使用温度计测量空调制冷系统温度	是□　否□
是否正确使用干湿计测量空调制冷系统湿度	是□　否□
是否正确使用风速计测量空调制冷系统风速	是□　否□
是否正确使用空调诊断仪检测空调制冷系统性能	是□　否□
工具、现场整理是否到位	是□　否□

六　评估

活动总结 >>>

根据工作过程，撰写新能源汽车空调制冷系统性能检测技术总结(表1-8)。

技术总结　　　　　　　　　　　　　　　　　　　　　　表1-8

_____技术总结

一、故障现象确认

二、空调制冷系统温度、风速检测结果记录
左出风口温度、风速：_____
右出风口温度、风速：_____
中央出风口温度、风速：_____
上部出风口温度、风速：_____
下部出风口温度、风速：_____
后出风口温度、风速：_____
三、空调制冷系统性能检测结果记录
高压侧压力：_____
低压侧压力：_____
环境温度：_____
环境湿度：_____
空调出风口温度：_____
空调出风口湿度：_____
四、总结空调制冷系统性能检测注意事项

五、经验和不足

📓 活动评价

根据表1-9对学习过程进行自评、互评、教师评价。

学习过程评价表　　　　　　　　　　　　　　　　　　　　　表1-9

新能源汽车空调制冷系统性能检测			实习日期：		
姓名：	班级：		学号：		教师签名：
自评：□熟练　□不熟练	互评：□熟练　□不熟练		师评：□合格　□不合格		
日期：	日期：		日期：		
新能源汽车空调制冷系统性能检测【评分细则】					
序号	评分项	得分条件	分值（分）	评分要求	自评　互评　师评
1	安全/"8S"/态度	□(1) 能进行工位"8S"操作； □(2) 能进行设备和工具安全检查； □(3) 能进行车辆安全防护操作； □(4) 能进行工具清洁、校准、存放操作； □(5) 能进行三不落地操作	15	未完成1项扣3分，扣完为止	□熟练　□熟练　□合格 □不熟练　□不熟练　□不合格
2	专业技能能力	□(1) 能正确检测空调出风口温度、湿度、风速； □(2) 能正确连接新能源汽车空调性能诊断仪； □(3) 能规范检测新能源汽车空调制冷性能	30	未完成1项扣10分，扣完为止	□熟练　□熟练　□合格 □不熟练　□不熟练　□不合格
3	工具及设备使用能力	□能正确使用检测设备	10	未完成1项扣3分，扣完为止	□熟练　□熟练　□合格 □不熟练　□不熟练　□不合格
4	资料、信息查询能力	□(1) 能正确使用维修手册查询资料； □(2) 能正确记录所需维修信息	10	未完成1项扣3分，扣完为止	□熟练　□熟练　□合格 □不熟练　□不熟练　□不合格
5	数据判断和分析能力	□(1) 能判断新能源汽车空调制冷效果； □(2) 能分析测量结果数据	25	分析错误1项扣5分，扣完为止	□熟练　□熟练　□合格 □不熟练　□不熟练　□不合格
6	表单填写和报告撰写能力	□(1) 字迹清晰； □(2) 语句通顺； □(3) 无错别字； □(4) 无涂改； □(5) 无抄袭	10	未完成1项扣1分，扣完为止	□熟练　□熟练　□合格 □不熟练　□不熟练　□不合格
总分：					

学习活动2　制冷剂不足故障诊断与排除

资讯

情景描述

一位客户进入4S店,反映他的一辆新能源汽车在打开空调后感觉空调制冷效果较差。经初步检查,诊断为空调系统制冷剂不足,需要对其进行检修。

任务要求

请你根据任务情景描述,在规定的时间内,分别完成制冷剂不足故障诊断与排除的方案编制和具体操作:

1. 列出需要和车主沟通的内容;
2. 完成车辆接车检查,填写好接车检查单;
3. 查阅该车型的维修手册,查看新能源汽车空调制冷剂、冷冻油的类型和质量;
4. 根据情景描述的故障现象,查阅维修手册等资料,制订详细的新能源汽车空调制冷剂不足故障诊断与排除的解决方案,并全面而细致地说明采取此方案的理由;
5. 查阅维修手册,对新能源汽车空调制冷剂压力、制冷系统密封性进行基本检查,按车型要求完成制冷剂加注;
6. 列出在新能源汽车空调制冷剂压力检查和加注过程中需要注意的事项。

任务分组

全班学生分成5~6个学习小组,每小组4~6人,根据每组人数进行任务分工,部分任务可合并。

班组长(安全管理员、车间主管):任务布置,组员分工,安全督察,质量检验。

操作员(服务顾问、维修技师):接待问诊,基本检查,故障现象确认,检测操作,故障确认。

观察记录员(配件管理员、工具管理员):耗材准备,工具设备准备,维修资料查阅,记录故障现象、检测数据、故障点、故障处理措施等信息。

二 计划

知识链接

（一）制冷剂的作用

制冷剂在制冷循环中起到传递热量的作用，其最终把热量从低温的被冷却对象传递给环境介质，即将车内热量通过制冷循环装置传给车外空气。

制冷剂是制冷循环中的工作流体，又称其为制冷工作介质或制冷工质。在制冷系统运转时，制冷剂在制冷系统内循环流动，通过自身热力状态的循环变化，不断与外界发生能量交换，达到制冷的目的。

（二）制冷剂的分类

1. 无机化合物类制冷剂

较早采用的天然制冷剂，如水 R718、空气 R729、氨 R717、二氧化碳 R744 等，属于无机化合物类制冷剂。

2. 氟利昂类制冷剂（卤代烃）

氟利昂是饱和碳氢化合物中的氢元素全部或部分地用卤素（主要是氟、氯、溴）取代，形成氟利昂类制冷剂。氟利昂类制冷剂种类繁多，常用的有：二氟二氯甲烷 R12（CF_2Cl_2）、二氟一氯甲烷 R22（CHF_2Cl）、四氟乙烷 R134a（CH_2CF_4）、二氟乙烷 R152a（CH_3CHF_2）等。

3. 烷烃类制冷剂

碳氢化合物类（如甲烷、丙烷、异丁烷、丙烯等），是完全由 C、H 元素组成的物质，也是早期使用的制冷剂。

4. 混合制冷剂

鉴于纯制冷剂的局限性，为调制制冷剂的性质、扩大制冷剂的选择范围，将各种纯制冷剂在优势互补的基础上按一定比例进行混合，开发出的混合制冷剂有 R501、R502、R509、R407A、R407B、R407C 等。

新能源汽车常用的制冷剂类型有 R134a（四氟乙烷）、R744（二氧化碳）、R1234yf（四氟丙烯）。不同种类制冷剂的特性见表 1-10。

不同种类制冷剂的特性　　　　　表 1-10

特征	R134a	R744	R1234yf
化学分子式	CH_2CF_4	CO_2	$CH_2C_2F_4$
化学名称	四氟乙烷	二氧化碳	四氟丙烯

续上表

沸点（1bar 的绝对压力）	-26℃	-78.7℃	-29.5℃
全球升温潜能值	1430	1	4
工作压力	3MPa	14MPa	3.4MPa
制冷剂类型	合成	合成	合成
易燃性	不易燃	不易燃	易燃
颜色	无色	无色	无色
毒性	无毒	无毒	燃烧后有毒
回收要求	需回收	不回收	需回收

注：1bar=100kPa。

二氧化碳是热泵中的制冷剂。二氧化碳的化学式是 CO_2，存在于我们周围的空气中，不会损害地球的臭氧层。当用作制冷剂时，二氧化碳称为制冷剂 R744。使用二氧化碳 R744 制冷剂的空调系统的工作压力约为传统制冷剂的 10 倍。由于较高的压力以及二氧化碳分子比 R134a 制冷剂的分子小，制冷剂管路必须更坚固耐压。

每种制冷剂具有不同的全球升温潜能值。全球升温潜能值是根据 1kg 气体在一段时间内（通常为 100 年）相对于 1kg 二氧化碳的升温潜能计算的，较低的制冷剂全球升温潜能值等于制造商较高的排放信用。

（三）冷冻机油

冷冻机油是制冷压缩机的专用润滑油，简称冷冻油，用于保障压缩机正常运转、可靠工作和延长使用寿命。在空调制冷系统中的作用如下：

（1）润滑作用。压缩机是高速运动的机器，冷冻机油能润滑机件表面，以减少阻力和磨损，延长使用寿命，降低功耗，提高制冷系数。

（2）密封作用。压缩机内部的润滑油，不仅减小摩擦，还能密封压缩制冷剂蒸气。

（3）冷却作用。冷冻机油能冷却压缩机内部运动摩擦表面所产生的高温，避免压缩机温度过热。

（4）降低压缩机噪声。

新能源汽车的空调压缩机对冷冻机油的黏度、绝缘性有更高的要求，要使用专用的压缩机机油 ND11，不可使用其他类型的压缩机机油，以免损坏新能源汽车制冷系统的压缩机。

任务确认

1.明确工作任务

认真阅读工作情景描述，用彩笔标记关键词，明确工作任务和工作要求（表1-11）。

工作任务和工作要求　　　　　　　　　　　　　　　　　　　　　表1-11

工作任务	
工作要求	

2. 接车检查

结合接车检查单，记录客户描述的问题，完成随车物品检查、车辆外观检查、车辆内饰检查。

3. 故障现象确认

(1) 打开点火开关，观察组合仪表是否有故障灯点亮？

组合仪表故障灯点亮情况：_____。

(2) 按下 A/C 开关，打开鼓风机，观察出风口是否有冷风出来？

进一步确认故障现象为：_____。

4. 接车检查单填写

请根据沟通内容、接车检查以及故障现象，填写接车检查单。

一汽大众某店车辆环检问诊单

是否预约　是□　否□　车牌号_____　接车时间：　年　月　日　时　分

基本信息	车主□ 送修人□	姓名		车型		购车日期	
		电话		备用电话		总里程	
		VIN码				EV里程	

顾客描述	维　护：□首次维护	□强制维护	□一般维护	□常规维护
	发动机：□难起动	□怠速不稳	□动力不足	□油耗高
	□易熄火	□抖动	□加速不良	
	异　响：□发动机	□底盘	□行驶	□变速器
	□制动	□仪表台	□座椅车门	
	灯　亮：□发动机故障灯	□SVS灯	□ABS灯	□空气囊灯
	□机油压力报警灯	□胎压报警	□EPS灯/REPS灯门	□ESP灯
	□充电系统灯	□动力系统故障灯	□电机故障灯	□主警告指示灯
	□动力蓄电池故障灯	□发动机冷却液报警灯	□电机冷却液报警灯	
	空　调：□不制冷	□异响	□有异味	□出风冷热不均
	漏　水：□冷却液	□车身	□天窗	□前挡风　□后挡风
	漏　油：□发动机	□变速器	□制动	□转向
	事　故：□保险事故整形油漆	□局部整形补漆		
	具体描述(5W2H)：			

续上表

物品确认 (有√无×)	□备胎　□随车工具　□灭火器　□点烟器　□警示牌　□充电线　□其他_____	油量 F/E
环车检查	内饰检查□　　　　　外观检查□ 检查结果:良好√　　异常×	电量 ___%
服务顾问提醒	1. 维修旧件(非索赔件)处理:□顾客要求带走　□顾客选择不带走 2. 维修后洗车:　　□洗车　　　　□不洗车 3. 维修后充电:　　□充电　　　　□不充电　　□预估充电用时_____ 4. 已提醒您将车内贵重物品带离车辆并妥善保管。□已确认 服务顾问_____　　　　　　　顾客签字_____	
服务/技术顾问 初步建议	签名:	

维修班组 诊断结果	维修项目	所需备件	备件确认	索赔确认
			□有□无	□是□否
			□有□无	□是□否
			□有□无	□是□否

三 决策

计划步骤 》》》

根据新能源汽车空调制冷系统故障现象,编制新能源汽车空调制冷剂不足故障诊断与排除的实施方案。

步骤1:_____
步骤2:_____
步骤3:_____
步骤4:_____
步骤5:_____
步骤6:_____
步骤7:_____
步骤8:_____

新能源汽车空调故障诊断与排除

人员安排

请小组商量后,决定每个同学的角色及分工(表1-12)。

角色及分工　　　　　　　　　　　　　　　表1-12

班级		组号		指导老师	
组长		任务分工			
组员1		任务分工			
组员2		任务分工			
组员3		任务分工			
组员4		任务分工			
组员5		任务分工			
组员6		任务分工			

工具准备

请根据新能源汽车空调制冷剂不足故障诊断与排除实施步骤,列出所需的工具设备清单(表1-13)。

工具设备清单　　　　　　　　　　　　　　表1-13

序号	工具设备名称	单位	数量	备注
1	三件套(车内和车外)	套	2	
2	常用防护装备(手套、护目镜、头盔等)、维修工具(绝缘拆装工具套装)	套	2	
3	实训车辆	台	2	
4	制冷剂加注回收机	台	2	
5	诊断仪(与车型匹配)	个	2	

注意事项

请根据操作条件,列举出操作时的注意事项(表1-14)。

操作注意事项　　　　　　　　　　　　　　表1-14

序号	维修工序内容	注意事项
1	查阅维修手册、仪器使用说明书	
2	新能源汽车空调制冷系统压力检测	
3	新能源汽车空调制冷系统制冷剂加注	
4	复检	

四、实施

(一)空调制冷系统压力检测

空调制冷系统压力检测操作步骤见表 1-15。

空调制冷系统压力检测操作步骤　　　　表 1-15

操作步骤	示范图例
(1)车辆准备。正确放置车轮挡块、安装车内三件套,检查驻车制动挡位(应处于 P 挡),准备任务工具	
(2)将制冷剂加注回收机连接到新能源汽车空调制冷系统高低压管路。确保制冷剂加注回收机上高低压阀为关闭状态	
(3)在空调不运行的情况下查看新能源汽车空调制冷系统高低压管路压力。在自然状态下,制冷系统高压侧与低压侧的压力应大致相等。 高压管路压力:＿＿＿＿＿＿ 低压管路压力:＿＿＿＿＿＿	

续上表

操作步骤	示范图例
(4)打开A/C开关启动空调,并将温度调至最低,观察制冷剂加注回收机上压力表的读数。正常情况下,高压侧压力应为1~1.5MPa,低压侧压力应为0.15~0.2MPa。 高压管路压力:＿＿＿＿＿＿ 低压管路压力:＿＿＿＿＿＿	
(5)连接诊断仪,读取车辆空调制冷系统数据流,查看制冷系统压力数据。 管路压力:＿＿＿＿＿＿	

(二) 空调制冷剂回收、检漏和加注

空调制冷剂回收、检漏和加注操作步骤见表1-16。

空调制冷剂回收、检漏和加注操作步骤　　　　表1-16

操作步骤	示范图例
(1)车辆准备。正确放置车轮挡块、安装车内三件套,检查驻车制动挡位(应处于P挡),准备任务工具	
(2)打开制冷剂回收加注机	打开电源开关

续上表

操作步骤	示范图例
（3）记录回收前工作罐质量。将回收前的罐重数值记录在回收数据表中。 注意：工作罐质量不超过罐体标称质量的80%。 制冷剂净重：_____	剩余容量 7.13 kg 制冷剂净重 2.86 kg（回收前的罐重）
（4）进入回收程序。按"回收"键，进入回收程序	回收重量 0.000 kg 请先接上红蓝岐管，然后打开高低压阀。（回收键）
（5）设置回收量。可通过新能源汽车空调系统标牌查看制冷剂质量，如果不确定制冷剂质量可不设置，直接跳过该步骤。 回收量：_____	回收重量 0.600 kg 请先接上红蓝岐管，然后打开高低压阀。
（6）管路连接。按菜单要求，进行管路连接，将高低压快速接头正确连接至制冷系统的检测接口。 注意：顺时针拧开高低压开关时，速度应慢一些，防止冷冻机油被制冷剂带出系统	
（7）清洁管路。打开仪器上的高低压阀，设备自动启动自我清洁管路功能	清理管路1分钟… 0:05　停止

续上表

操作步骤	示范图例
(8)制冷剂回收。清洁管路完成之后,系统自动进行制冷剂回收。 注意:在回收过程中,应不断地观察压力表指针,当压力到达负压时,加注回收机中的压缩机处于抽真空工作状态,应及时按"取消"键,停止回收,防止损坏回收机中的压缩机。 已回收量:_____	
(9)对空调系统进行抽真空。按"抽真空"键,进入抽真空程序。按数字键选择抽真空时间。在达到要求的真空度时,应继续抽真空操作,持续时间应不少于15min,以充分排除制冷装置中的水分。 抽真空时间:_____	
(10)完成抽真空。抽真空至系统真空度低于 -90 kPa	
(11)保压检漏。按"确认"键,系统进行保压,仪器对系统进行泄漏检测。 注意:观察高压表、低压表,表针无回升则说明无泄漏。 是否有泄漏:_____	
(12)确认空调系统无泄漏后,准备充注制冷剂,检查工作罐中的制冷剂质量。当质量不足3kg时,应予以补充(工作罐内制冷剂达到加注量的3倍,即可满足加注要求)	

续上表

操作步骤	示范图例
(13) 设置制冷剂加注量。进入制冷剂充注界面,通过新能源汽车空调系统标牌查看制冷剂质量,按数字键,选择制冷剂加注量。 制冷剂类型:_____ 充注量:_____	
(14) 阀门控制。根据界面要求,采用单管加注,关闭低压阀(防止液态制冷剂进入压缩机),逆时针旋转低压快速接头(防止加注的制冷剂从低压检测口出来),打开高压阀	
(15) 制冷剂充注。按确认键进行制冷剂充注。 已充注量:_____	
(16) 关闭高压快速接头。加注结束,根据界面显示,高压快速接头逆时针旋转,将加注管与制冷系统断开,准备对管路清洁	
(17) 管路清理。仪器对管路清洁后,按"确认"键退出	
(18) 拆卸管路。关闭控制面板上的阀门,将高低压软管从车上取下	

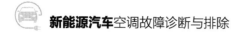

五、检查

结合本学习活动操作过程,对任务执行过程中的操作规范性进行检查,总结规范的操作方法,并将检查结果填写在表1-17中。

检查结果　　　　　　　　　　　　　　　　　　　　　　　　　　表1-17

项目	结果
是否正确使用制冷剂加注回收机检测新能源汽车空调制冷系统压力	是□　否□
是否正确使用新能源汽车诊断仪读取空调制冷系统压力数据	是□　否□
是否正确使用制冷剂加注回收机进行新能源汽车空调制冷剂回收	是□　否□
是否正确使用制冷剂加注回收机进行新能源汽车空调制冷剂加注	是□　否□
工具、现场整理是否到位	是□　否□

六、评估

活动总结

根据工作过程,撰写制冷剂不足故障诊断与排除技术总结(表1-18)。

技术总结　　　　　　　　　　　　　　　　　　　　　　　　　　表1-18

_____技术总结			
一、故障现象确认			
二、新能源汽车空调制冷系统压力检测结果记录			
项目	车辆不运行		空调启动后
高压侧压力			
低压侧压力			
诊断仪压力数据			
三、新能源汽车空调制冷剂的回收与加注结果记录			
序号	项目	作业记录	
1	制冷剂	制冷剂的型号:	
2	回收管路连接	管路连接结果:	
3	制冷剂回收	制冷剂回收结果:	
4	定量加注制冷剂	加注量设定: 加注结果:	
5	管路回收	管路回收结果:	

续上表

四、总结新能源汽车空调制冷系统压力检测、制冷剂回收与加注注意事项
五、经验和不足

活动评价

根据表1-19对学习过程进行自评、互评、教师评价。

学习过程评价表 表1-19

新能源汽车空调制冷剂不足故障诊断与排除			实习日期：	
姓名：	班级：		学号：	教师签名：
自评：□熟练 □不熟练	互评：□熟练 □不熟练		师评：□合格 □不合格	
日期：	日期：		日期：	
新能源汽车空调制冷剂不足故障诊断与排除【评分细则】				

序号	评分项	得分条件	分值(分)	评分要求	自评	互评	师评
1	安全/"8S"/态度	□(1)能进行工位"8S"操作； □(2)能进行设备和工具安全检查； □(3)能进行车辆安全防护操作； □(4)能进行工具清洁、校准、存放操作； □(5)能进行三不落地操作	15	未完成1项扣3分，扣完为止	□熟练 □不熟练	□熟练 □不熟练	□合格 □不合格
2	专业技能能力	□(1)能正确检测新能源汽车空调制冷系统压力； □(2)能规范完成制冷剂回收； □(3)能规范完成制冷剂加注	30	未完成1项扣10分，扣完为止	□熟练 □不熟练	□熟练 □不熟练	□合格 □不合格
3	工具及设备使用能力	□能正确使用制冷剂加注回收机	10	未完成1项扣3分，扣完为止	□熟练 □不熟练	□熟练 □不熟练	□合格 □不合格

续上表

序号	评分项	得分条件	分值（分）	评分要求	自评	互评	师评
4	资料、信息查询能力	□(1) 能正确使用维修手册查询资料； □(2) 能正确记录所需数据	10	未完成1项扣3分，扣完为止	□熟练 □不熟练	□熟练 □不熟练	□合格 □不合格
5	数据判断和分析能力	□(1) 能判断新能源汽车空调制冷系统压力； □(2) 能分析测量结果数据	25	分析错误1项扣5分，扣完为止	□熟练 □不熟练	□熟练 □不熟练	□合格 □不合格
6	表单填写和报告撰写能力	□(1) 字迹清晰； □(2) 语句通顺； □(3) 无错别字； □(4) 无涂改； □(5) 无抄袭	10	未完成1项扣1分，扣完为止	□熟练 □不熟练	□熟练 □不熟练	□合格 □不合格

总分：

学习活动3　电动压缩机不工作故障诊断与排除

一、资讯

情景描述

客户进入4S店，反映其大众ID4新能源汽车在打开空调后空调不制冷。经初步检查，诊断为空调系统电动压缩机不工作，需要对其进行检修。

任务要求

请你根据任务情景描述，在规定的时间内，分别完成电动压缩机不工作故障诊断与排除的方案编制和具体操作：

1. 列出需要和车主沟通的内容；
2. 完成车辆接车检查，填写好接车检查单；
3. 查阅该车型的维修手册，查看新能源汽车空调电动压缩机的电路图，列出可能产生的故障原因，并说明理由；
4. 根据情景描述的故障现象，查阅维修手册等资料，制订详细的新能源汽车空调电动压缩机不工作故障诊断与排除的解决方案，并全面而细致地说明采取此方案的理由；
5. 查阅维修手册，对新能源汽车空调电动压缩机不工作故障进行诊断与排除；

6. 列出在新能源汽车空调电动压缩机不工作故障诊断与排除过程中需要注意的事项。

任务分组

全班学生分成 5~6 个学习小组,每小组 4~6 人,根据每组人数进行任务分工,部分任务可合并。

班组长(安全管理员、车间主管):任务布置,组员分工,安全督察,质量检验。

操作员(服务顾问、维修技师):接待问诊,基本检查,故障现象确认,检测操作,故障确认。

观察记录员(配件管理员、工具管理员):耗材准备,工具设备准备,维修资料查阅,记录故障现象、检测数据、故障点、故障处理措施等信息。

二、计划

知识链接

(一)新能源汽车空调制冷控制系统的组成

新能源汽车空调制冷控制系统的基本工作过程为:信号输入单元→空调控制单元(ECU)→执行器。通过信号输入单元检测新能源汽车工作中的一些信息(如车内、车外、导风管及环境日照辐射的温度和压缩机工况等),并将检测到的信息以相应的物理量(电阻、电压、电流等)传送到空调控制单元(ECU)中,经分析、比较、运算等处理,再由执行器完成其相应工作,其组成如图 1-8 所示。

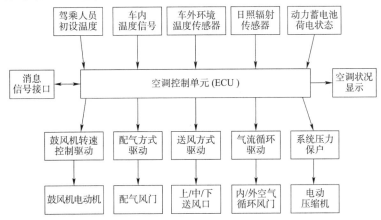

图 1-8 新能源汽车空调制冷控制系统的组成

1. 信号输入单元

信号输入单元包括车内温度传感器、车外温度传感器、太阳能传感器、蒸发器温度传感器、空调压缩机转速传感器、加热器温度传感器、烟雾通风传感器、空调压力传感器开关、发动机转速传感器、压缩机转速传感器、各风门电动机的位置传感器或开关以及空调控制键等。其作用是将温度、空调系统压力等物理量转变为电信号(如热敏电阻的阻值变化)并输入到空调控制单元(ECU)中。具体的输入信号有四类：车内、车外及太阳辐射温度信号；驾乘人员设定的温度及模式选择信号；蒸发器温度及风门位置信号；压缩机工况信号(转速、高压、低压及工作温度等)。

2. 空调控制单元(ECU)

空调控制单元(ECU)与操纵面板制成一体，也叫微电脑或单片机，可根据各种传感器的输入信号，经电子线路对车室内温度、送风量及制冷压缩机等进行控制。

控制器分为两种类型：一种采用IC(集成电路)，另一种采用计算机。这些控制器通常被称为"系统放大器""自动空调放大器"或"空调器ECU"。

采用IC(集成电路)控制的自动空调系统称为"放大器控制型自动空调器"；而采用计算机控制的称为"计算机控制型自动空调器"。

3. 执行器

执行器主要包括混合门电动机、鼓风机、模式门电动机、进气门电动机、电动压缩机等。执行器的主要作用是根据空调控制单元(ECU)的指令做出相应的动作，以调节空调系统出风温度、出风模式等。

（二）新能源汽车空调制冷控制系统的工作原理

新能源汽车空调制冷控制系统控制原理如图1-9所示，整车控制器VCU采集到空调A/C开关信号、空调压力开关信号、蒸发器温度信号、风速信号以及环境温度信号，经过运算处理形成控制信号，通过CAN总线传输给空调控制器，由空调控制器控制空调压缩机高压电路的通断。

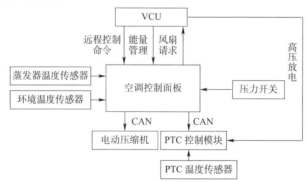

图1-9 新能源汽车空调制冷系统控制原理图

新能源汽车空调制冷系统会根据新能源汽车的实际工况进行调整，以下是新能源汽车在不同工况下空调制冷系统的工作情况。

1. 新能源汽车静止时

VCU通过CAN方式从BMS获取动力蓄电池的蓄电池信息，根据动力蓄电池剩余电量(SOC)和最大可放电功率来判断电动空调压缩机是否可以运转。一般来说当剩余电量低于5%或者最大可放电功率低于6kW时,空调系统不能使用。

在空调的使用过程中,剩余电量低于3%或者最大可放电功率低于5kW时,VCU会关闭空调,以防止动力蓄电池过放电。

2. 新能源汽车行驶中

VCU判断车辆续驶里程是否低于某一预设值(通常该数值为30km),若低于该数值,VCU将通过仪表对驾驶人进行提示,以提示驾驶人可通过关闭空调系统来延长续驶里程。

3. 新能源汽车充电时

当车辆处于充电模式下时,VCU根据BMS CAN报文获取动力蓄电池的剩余电量,考虑车辆在充电时开启空调动力蓄电池的SOC有可能会降低(蓄电池的输入功率低于空调系统的消耗功率时),为防止动力蓄电池因空调系统工作而造成过放电,当电池SOC低于10%时,禁止使用空调。

在空调的使用过程中,剩余电量低于5%时,VCU会关闭空调,以防止动力蓄电池过放电。

(三)电动压缩机

电动压缩机是空调系统的动力源,当空调系统工作的时候,电动压缩机使制冷剂在制冷系统中正常循环流动实现制冷。一旦压缩机有故障不能正常工作,空调循环系统无法运行,当然也就无法制冷了。因此,电动压缩机就像人体的心脏,是空调系统动力的源泉。

新能源汽车空调电动压缩机电路原理如图1-10所示。空调继电器控制压缩机12V低压电源,低压电源电压是空调压缩机控制器的通信信号传输及控制功能得以正常运行的可靠保证。整车控制器VCU通过数据总线"CANH、CANL"与空调压缩机控制器相连接,再由压缩机控制器控制空调压缩机的高压电源线"DC+与DC-"通断。高压互锁信号线在高压上电前确保整个高压系统的完整性,使高压电处于一个封闭的环境下工作,提高安全性。空调电动压缩机的高压线束与低压线束相互独立,线束的各个端子定义如图1-11和图1-12所示,其中高压端子B与DC+对应,为高压电源正极,A与DC-对应,为高压电源负极。

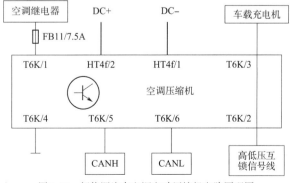

图1-10 新能源汽车空调电动压缩机电路原理图

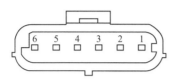

图 1-11　电动压缩机低压连接器　　　　图 1-12　电动压缩机高压连接器

1-空调继电器;2、3-互锁信号;4-搭铁;5-CANH;6-CAN　　B-高压电 + ;A-高压电 –

由于新能源汽车空调系统采用压缩机为电动压缩机,其本身具有调速功能,所以其控制系统与传统空调压缩机控制有明显不同。

(1)占空比控制。电动压缩机占空比控制原理如图1-13所示。

电动压缩机控制器根据 VCU 传来的 A/C 信号、冷暖选择信号、鼓风机信号以及各种传感器传来的车内温度、车外温度、蒸发器温度等参数自动控制电动压缩机电动机的转速,从而调节蒸发器的表面温度,并防止蒸发器表面结冰,达到调节空调制冷剂量的目的。

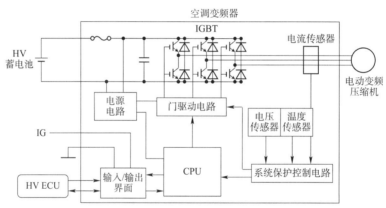

图 1-13　电动压缩机占空比控制原理图

(2)欠电压、过电压保护。当动力蓄电池电压过低时,驱动器将自动切断电路以保护动力蓄电池与电动压缩机。在不重启电动压缩机的情况下,若电源电压回升至一定值,电动压缩机自动重新启动。

当动力蓄电池电压过高时,驱动控制器将自动切断电路以保护动力蓄电池与电动压缩机。

(3)过电流保护。当电路中电流过高时,驱动器将自动切断电流以避免电流过大对电动压缩机及驱动控制器造成损坏。

(4)低温保护。当车外温度低于某值时,电动压缩机停止工作,防止电动压缩机的损耗。

(四)新能源汽车空调制冷控制系统压缩机不工作常见故障诊断与处理

如启动空调制冷控制系统,当不能听见电动压缩机工作时的声音,且仪表板上电源电流无变化,则可以断定电动压缩机不工作。

电动压缩机不工作时的检修步骤如下:

(1)检查鼓风机是否正常工作,如果鼓风机不工作则重点检查 A/C 开关及其导线。

(2)重新打开空调,观察仪表板电源电流是否有变化。

①如果有变化,说明电动压缩机及其驱动控制器正常,此时先保证冷凝器风扇正常工作、保证驱动控制器高压电路连接良好,然后用歧管压力表组读取高低压侧压力,判断制冷剂是否过量。如果过量,则放出适量制冷剂再继续读取数据。

②如果无变化,说明电动压缩机驱动控制器不工作。此时先保证驱动控制器低压电源连接正常,然后检查蓄电池电压是否正常,如果蓄电池电压过低则对其进行充电并检查 DC/DC 变换器是否正常工作,最后检查高压盒中电动空调熔断丝是否烧毁。如果烧毁,则更换熔断丝。

(3)若电动压缩机损坏,此时应更换电动压缩机。

电动压缩机不工作故障检修见表 1-20。

电动压缩机不工作故障检修　　　　　　　　　　　　　　表 1-20

故障现象	故障类别	故障原因	检测及排除措施
电动压缩机不工作或电源电流无变化	驱动控制器不工作	12VDC 控制电源未通入驱动控制器	检查控制电源到驱动控制器之间的导线是否有断路
		控制电源电压不足或超压	测量控制电源电压是否达到要求(9~15V)
		接插件端子接触不良或松脱	检查驱动控制器控制电源插头端子是否松脱
	驱动控制器工作正常	驱动控制器未接收到空调系统的 A/C 开关信号	检查 AC 开关及其导线
		欠压保护启动	关闭整车主电源并检查压缩机供电
	压缩机损坏	压缩机卡滞、损坏	更换压缩机
启动时电动压缩机有轻微抖动,电源电流有变化随后降为 0	电动机过流保护	系统压差过大使电动机负载过大,导致过流保护启动	保证冷凝器风机正常工作,待系统压力平衡后再次启动;制冷剂过量
		电动机缺相导致的过流保护启动	检查驱动控制器与电动机连接的三相插头及相关导线,保证其接触良好及导通

任务确认

1. 明确工作任务

认真阅读工作情景描述,用彩笔标记关键词,明确工作任务和工作要求(表 1-21)。

工作任务和工作要求　　　　　　　　　　　　　　　　　　　　　　表1-21

工作任务	
工作要求	

2.接车检查

结合接车检查单,记录客户描述的问题,完成随车物品检查、车辆外观检查、车辆内饰检查。

3.故障现象确认

(1)打开点火开关,观察组合仪表是否有故障灯点亮?

组合仪表故障灯点亮情况:_____。

(2)按下A/C开关,打开鼓风机,观察出风口是否有冷风出来?

进一步确认故障现象为:_____。

4.接车检查单填写

请根据沟通内容、接车检查以及故障现象,填写接车检查单。

一汽大众某店车辆环检问诊单

是否预约　是□　否□　车牌号_____　接车时间:　年　月　日　时　分

基本信息	车主□　送修人□	姓名		车型		购车日期	
		电话		备用电话		总里程	
		VIN码				EV里程	

顾客描述	维　护:	□首次维护	□强制维护	□一般维护	□常规维护
	发动机:	□难起动	□怠速不稳	□动力不足	□油耗高
		□易熄火	□抖动	□加速不良	
	异　响:	□发动机	□底盘	□行驶	□变速器
		□制动	□仪表台	□座椅车门	
	灯　亮:	□发动机故障灯	□SVS灯	□ABS灯	□空气囊灯
		□机油压力报警灯	□胎压报警	□EPS灯/REPS灯门	□ESP灯
		□充电系统灯	□动力系统故障灯	□电机故障灯	□主警告指示灯
		□动力蓄电池故障灯	□发动机冷却液报警灯	□电机冷却液报警灯	
	空　调:	□不制冷	□异响	□有异味	□出风冷热不均
	漏　水:	□冷却液	□车身	□天窗	□前挡风　□后挡风
	漏　油:	□发动机	□变速器	□制动	□转向
	事　故:	□保险事故整形油漆	□局部整形补漆		
	具体描述(5W2H):				

新能源汽车空调制冷不良故障诊断与排除 | 学习任务一

续上表

物品确认 (有✓无×)	□备胎　□随车工具　□灭火器　□点烟器　□警示牌　□充电线　□其他_____	油量 F□ E
环车检查	内饰检查□　　　　　外观检查□ 检查结果：良好✓　　异常×	电量 ____%
服务顾问提醒	1. 维修旧件(非索赔件)处理：□顾客要求带走　　□顾客选择不带走 2. 维修后洗车：　　　□洗车　　　　□不洗车 3. 维修后充电：　　　□充电　　　　□不充电　　□预估充电用时_____ 4. 已提醒您将车内贵重物品带离车辆并妥善保管。□已确认	
	服务顾问　　　　　　　　　　　　　　顾客签字	
服务/技术顾问 初步建议	签名：	

维修班组 诊断结果	维修项目	所需备件	备件确认	索赔确认
			□有□无	□是□否
			□有□无	□是□否
			□有□无	□是□否

三、决策

（1）查阅维修手册或维修资料，并在下方图框处画出大众 ID4 空调系统电动压缩机的电路图。

37

（2）根据电路图分析大众 ID4 空调系统电动压缩机不工作的故障原因,讨论并完成下面的故障分析图(鱼骨图)。

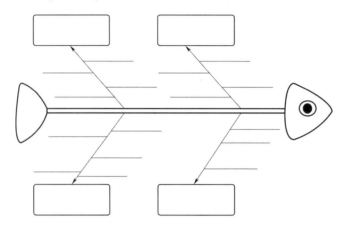

诊断步骤

通过查阅车辆维修手册,结合故障分析,编制空调系统电动压缩机不工作故障诊断与排除的实施方案。

步骤 1：_____
步骤 2：_____
步骤 3：_____
步骤 4：_____
步骤 5：_____
步骤 6：_____
步骤 7：_____
步骤 8：_____

人员安排

请小组商量后,决定每个同学的角色及分工(表 1-22)。

角色及分工　　　　　　　　　　表 1-22

班级		组号		指导老师	
组长		任务分工			
组员 1		任务分工			
组员 2		任务分工			
组员 3		任务分工			
组员 4		任务分工			
组员 5		任务分工			
组员 6		任务分工			

工具准备

请根据新能源汽车空调制冷系统电动压缩机不工作故障诊断与排除实施步骤,列出所需的工具设备及材料清单(表1-23)。

工具设备及材料清单　　　　　　　　表1-23

序号	工具设备及材料名称	单位	数量	备注
1	三件套(车内和车外)	套	2	
2	常用防护装备(手套、护目镜、头盔等)、维修工具(绝缘拆装工具套装)	套	2	
3	实训车辆	台	2	
4	万用表、示波器、诊断仪(与车型匹配)	个	2	
5	熔断丝、继电器等元器件	个	若干	

注意事项

请根据操作条件,列举出操作时的注意事项(表1-24)。

操作注意事项　　　　　　　　表1-24

序号	维修工序内容	注意事项
1	查阅维修手册,读取故障信息,制定流程	
2	高压防护安全	
3	控制线路检测	
4	线路修复	
5	元器件、模块检测	
6	元器件、模块更换	
7	复检	

四、实施

(一)空调系统高压传感器故障检修

高压传感器故障检修操作步骤见表1-25。

新能源汽车空调故障诊断与排除

高压传感器故障检修操作步骤　　　　　　　　　　　　　　　　表1-25

操作步骤	示范图例
（1）车辆准备。正确放置车轮挡块、安装车内三件套，检查驻车制动挡位（应处于P挡），准备任务工具	
（2）读取故障码和数据流。起动车辆，打开空调制冷系统，连接诊断仪，读取空调系统故障码和数据流。 故障码：_____ 主要数据流：_____ _____	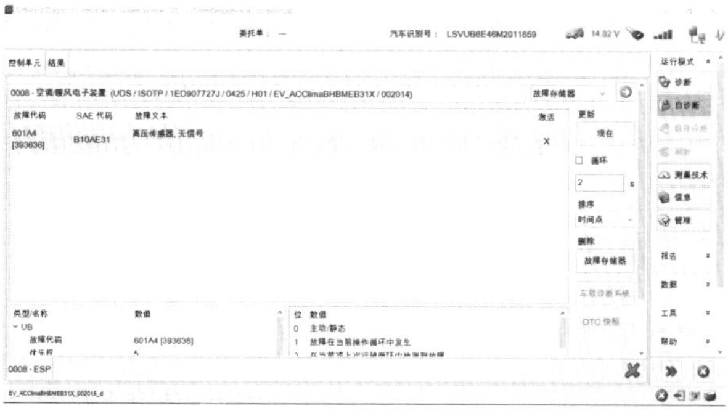 
（3）查看高压传感器电路图。根据空调制冷系统故障码和数据流显示高压传感器可能存在的故障，查看维修手册，查找高压传感器电路图，高压传感器线束有电源线、搭铁线、信号线	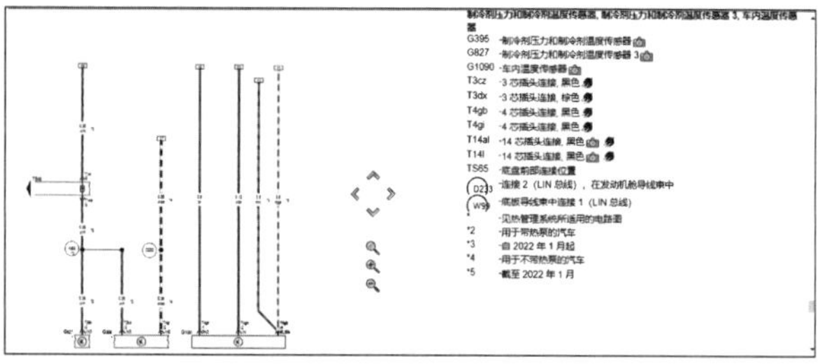

40

续上表

操作步骤	示范图例
（4）检测高压传感器电源线电压。断开高压传感器插头，检测电源线电压，正常应为蓄电池电压。 电源线电压：_____	
（5）检测高压传感器信号线电压。高压传感器信号线电压正常应为9V左右。 信号线电压：_____	
（6）检测高压传感器搭铁线对地电阻。高压传感器搭铁线对地电阻正常应小于5Ω，现检测电阻无穷大，说明高压传感器搭铁线存在故障。 搭铁线对地电阻：_____	
（7）查找故障点，修复线束，起动车辆，打开控制制冷系统，清除故障码，并再次读取空调系统故障码和数据流，空调系统正常。 故障码：_____ 主要数据流：_____	

（二）电动压缩机及控制线路检测

电动压缩机及控制线路检测操作步骤见表1-26。

电动压缩机及控制线路检测操作步骤   表1-26

操作步骤	示范图例
（1）车辆准备。正确放置车轮挡块、安装车内三件套，检查驻车制动挡位（应处于P挡），准备任务工具	
（2）穿戴高电压安全防护装备。涉及拆卸、检查高电压部件和线束时，需检查并穿戴安全帽、护目镜、绝缘手套、绝缘鞋	安全帽、护目镜、绝缘手套、绝缘鞋 操作人员
（3）识别线束插头端子号。拆下空调压缩机低压线束插头和高压线束插头，对照维修手册识别线束插头端子号	
（4）测量电动压缩机搭铁线。点火开关处于"OFF"状态，断开空调压缩机低压连接器，用万用表测量低压连接器4号脚与车身之间的电阻，其正常电阻应不超过1Ω，如果电阻无穷大，则故障为搭铁线断路。若搭铁线有故障，压缩机控制器无法控制压缩机工作。 搭铁线对地电阻：_____	

续上表

操作步骤	示范图例
（5）测量电动压缩机 CAN 总线。用万用表测量低压连接器 5 号脚与 6 号脚之间的电阻，其电阻值约 60Ω，若电阻无穷大，故障为断路，若电阻接近于 0，则可能为 CANH 与 CANL 短路或其连接的相关部件有短路现象 CAN 总线之间电阻：_____	
（6）电动压缩机 CAN 总线的搭铁短路测量。用万用表分别测量低压连接器 5 号脚与车身、6 号脚与车身之间的电阻，电阻值应为无穷大，若电阻接近于 0，故障为导线有搭铁现象。导线搭短路往往是由于导线绝缘胶老化、磨损导致导线的金属直接与车身相通。 CANH 对地电阻：_____ CANL 对地电阻：_____	
（7）压缩机高压互锁信号线的测量。用万用表测量空调压缩机低压接口内部 2 号脚与 3 号脚之间的电阻，电阻值应小于 1Ω，如果电阻无穷大，故障为线路断路。 高压互锁信号线电阻：_____	
（8）12V 低压电源线测量。点火开关旋至"ON"挡，用万用表测量低压连接器 1 号脚的直流电压，电压值应为 9～14V，如果测得电压为 0，则检查 FBII/7.5A 熔断丝、空调继电器，若熔断丝及继电器良好，那么检查低压连接器 1 号脚与 FBII/7.5A 熔断丝之间有否断路。 电源线电压：_____	

五、检查

结合本学习活动操作过程,对任务执行过程中的操作规范性进行检查,总结规范的操作方法,并将检查结果填写在表 1-27 中。

检查结果　　　　　　　　　　　　　　　　　　表 1-27

项目	结果
是否正确使用诊断仪读取新能源汽车空调制冷系统故障码、数据流	是☐　否☐
是否正确使用万用表、示波器等检测设备对新能源汽车空调电动压缩机控制线束进行检测	是☐　否☐
是否正确使用万用表、示波器等检测设备对新能源汽车空调电动压缩机元器件进行检测	是☐　否☐
是否正确修复故障点	是☐　否☐
是否正确使用诊断仪清除故障码	是☐　否☐
工具、现场整理是否到位	是☐　否☐

六、评估

活动总结

根据工作过程撰写电动压缩机不工作故障诊断与排除技术总结(表 1-28)。

技术总结　　　　　　　　　　　　　　　　　　表 1-28

＿＿＿＿＿＿＿＿＿＿＿＿＿＿＿＿技术总结
一、故障现象确认
二、故障原因分析
三、故障检查过程 1. 使用故障诊断仪读取故障码、数据流

故障码	
数据流	

续上表

2. 故障检测步骤

检测对象	检测条件	检测值	标准值	结果判断

3. 故障确认

故障点	故障类型	维修措施

4. 竣工检验

新能源汽车空调制冷系统是否正常工作:是□　否□

四、总结新能源汽车空调制冷系统电动压缩机不工作故障诊断与排除注意事项

五、经验和不足

活动评价

根据表1-29对学习过程进行自评、互评、教师评价。

学习过程评价表　　表1-29

新能源汽车空调制冷系统电动压缩机不工作故障诊断与排除		实习日期：	
姓名：	班级：	学号：	教师签名：
自评:□熟练　□不熟练	互评:□熟练　□不熟练	师评:□合格　□不合格	
日期：	日期：	日期：	
新能源汽车空调制冷系统电动压缩机不工作故障诊断与排除【评分细则】							

序号	评分项	得分条件	分值(分)	评分要求	自评	互评	师评
1	安全/"8S"/态度	□(1)能进行工位"8S"操作； □(2)能进行设备和工具安全检查； □(3)能进行车辆安全防护操作； □(4)能进行工具清洁、校准、存放操作； □(5)能进行三不落地操作	15	未完成1项扣3分，扣完为止	□熟练 □不熟练	□熟练 □不熟练	□合格 □不合格

续上表

序号	评分项	得分条件	分值（分）	评分要求	自评	互评	师评
2	专业技能能力	□(1)能正确使用检测设备； □(2)能规范完成控制线路检测； □(3)能规范完成元器件检测	30	未完成1项扣10分，扣完为止	□熟练 □不熟练	□熟练 □不熟练	□合格 □不合格
3	工具及设备使用能力	□能正确使用万用表、诊断仪、示波器等维修工具和设备	10	未完成1项扣3分，扣完为止	□熟练 □不熟练	□熟练 □不熟练	□合格 □不合格
4	资料、信息查询能力	□(1)能正确使用维修手册查询资料； □(2)能正确记录所需维修信息	10	未完成1项扣3分，扣完为止	□熟练 □不熟练	□熟练 □不熟练	□合格 □不合格
5	数据判断和分析能力	□(1)能判断新能源汽车空调压缩机控制线路好坏； □(2)能判断新能源汽车空调压缩机相关元器件好坏	25	分析错误1项扣5分，扣完为止	□熟练 □不熟练	□熟练 □不熟练	□合格 □不合格
6	表单填写和报告撰写能力	□(1)字迹清晰； □(2)语句通顺； □(3)无错别字； □(4)无涂改； □(5)无抄袭	10	未完成1项扣1分，扣完为止	□熟练 □不熟练	□熟练 □不熟练	□合格 □不合格
总分：							

学习活动 4　鼓风机不工作故障诊断与排除

情景描述

客户进入4S店，反映其大众ID4新能源汽车在打开空调后空调制冷有问题，出风口不出风。经初步检查，诊断为空调系统鼓风机不工作，需要对其进行检修。

任务要求

请你根据任务情景描述，在规定的时间内，分别完成鼓风机不工作故障诊断与排除的方案编制和具体操作：

1. 列出需要和车主沟通的内容；

2. 完成车辆接车检查，填写好接车检查单；

3. 查阅该车型的维修手册，查看新能源汽车空调鼓风机的电路图，列出可能产生的故障原因，并说明理由；

4. 根据情景描述的故障现象，查阅维修手册等资料，制订详细的新能源汽车空调鼓风机不工作故障诊断与排除的解决方案，并全面而细致地说明采取此方案的理由；

5. 查阅维修手册，对新能源汽车空调鼓风机不工作故障进行诊断与排除；

6. 列出在新能源汽车空调鼓风机不工作故障诊断与排除过程中需要注意的事项。

任务分组

全班学生分成5~6个学习小组，每小组4~6人，根据每组人数进行任务分工，部分任务可合并。

班组长（安全管理员、车间主管）：任务布置，组员分工，安全督察，质量检验。

操作员（服务顾问、维修技师）：接待问诊，基本检查，故障现象确认，检测操作，故障确认。

观察记录员（配件管理员、工具管理员）：耗材准备，工具设备准备，维修资料查阅，记录故障现象、检测数据、故障点、故障处理措施等信息。

二 计划

知识链接

（一）鼓风机的作用

新能源汽车空调根据驾驶人的要求，可以调节车内的送风量，为车内提供一个舒适的驾驶环境。通过在鼓风机电路中添加调速电阻，改变鼓风机的工作电压，从而起到调节鼓风机转速的作用，驾驶人和乘客根据环境变化调节不同的需求。如鼓风机失效，必定会导致无法送风给乘客，同时空调电子系统控制压缩机不工作，必定导致新能源汽车空调不制冷。

新能源汽车空调鼓风机一般安装在副驾驶前面储物箱的下方，将副驾手套箱挡板取下后，就能看到鼓风机。新能源汽车鼓风机的作用是将空调蒸发箱上面的冷气或者暖水箱的热气吹到车内，鼓风机里面只有一个电动机。鼓风机是新能源汽车空调系统中一个重要的部件，无论制冷还是制热都需要鼓风机参与工作。

(二)鼓风机的功能

通过调节鼓风机转速可以控制送风速度,调节室内空气降温或升温速度。可以实现自动控制、预热控制、时滞控制、鼓风机启动控制、车速补偿、极速控制和手动控制等功能。

1. 自动控制

当接通 AUTO 开关时,空调控制单元(ECU)进行鼓风机转速自动控制。一般来说设定温度越低,车内温度越高,车外温度越高,阳光越强,蒸发器温度越高,鼓风机转速就越高。

2. 预热控制

冬天,车辆长时间停放后,若马上打开鼓风机,此时吹出的风是冷风而不是想要的暖风。因此,鼓风机要在冷却液温度升高时才能逐步转向正常工作。

鼓风机预热控制时,控制面板 AUTO 开关接通,工作模式设为 FOOT(吹脚)或 BILEVEL(双通道:吹脚和吹脸),ECU 根据发动机冷却液温度传感器检测发动机冷却液的温度,当冷却液温度低于 30℃时,鼓风机停转;当冷却液温度高于 30℃时,鼓风机正常运转。

3. 时滞控制

夏天,新能源汽车长时间停驻在高温环境下,若马上打开鼓风机,此时吹出的风是热风而不是想要的冷风。因此,鼓风机不能马上工作,而是滞后一段时间,等蒸发器温度降低后才工作。

当发动机运转,压缩机已工作,控制面板 AUTO 开关接通,工作模式设置在 FACE 或 BILEVEL 时,ECU 对鼓风机的时滞控制过程如下:

当蒸发器温度高于 30℃时,压缩机接通后,ECU 控制鼓风机电动机断开 4s,等待冷风装置内的空气冷却降温。此后 ECU 控制鼓风机低速运转 5s,使冷却的空气送至车内,如图 1-14 所示。

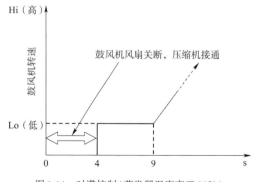

图 1-14 时滞控制(蒸发器温度高于 30℃)

当蒸发器温度低于 30℃时,压缩机接通后,ECU 控制鼓风机低速运转 5s,如图 1-15 所示。

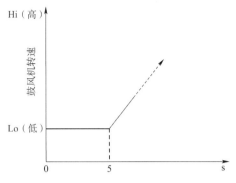

图 1-15 时滞控制(蒸发器温度低于30℃)

4. 鼓风机启动控制

鼓风机在启动时,工作电流会比稳定工作时电流大很多,为了防止烧坏鼓风机控制装置,不论鼓风机目标转速是多少,在鼓风机启动时为低速运转,然后才逐步升高至目标转速。

5. 车速补偿

车速高时,迎面风冷却强大,鼓风机的转速可适当降低,使之与新能源汽车行驶时具有一样的感觉。

6. 极速控制

有些车型,当设定温度处于最低(18℃)或最高(32℃)时,鼓风机转速会固定为高速运转。

7. 手动控制

ECU根据控制面板手动开关的操作信号,将鼓风机驱动信号送至功率晶体管,从而控制鼓风机的转速。

(三)鼓风机的控制方式

鼓风机转速是根据设定温度、环境温度、车内温度、进气温度、日照量和空气混合门位置等因素自动控制的,自动空调控制系统中对鼓风机转速的控制,通常采用以下3种方式。

1. 晶体管与调速变阻器组合型

鼓风机控制开关有自动(AUTO)挡和不同转速的人工选择模式,如图1-16所示。当鼓风机转速控制开关设定在AUTO挡时,鼓风机的转速由ECU根据车内、车外温度及其他传感器的参数控制。晶体管中电流的大小决定鼓风机的转速。若按动人工选择模式开关,则空调电路取消自动控制功能,执行人工设定功能。

2. 晶体管控制

新能源汽车为实现风速的自动控制,鼓风机的转速一般由大功率晶体管控制。在控制电路中,鼓风机是根据温度传感器送入ECU中的参数,经ECU分析处理后发出的相应指令实现相应工作的。通常工作有低速、高速、自动和时滞气流控制 4 种模式。图 1-17 所示为鼓风机转速控制电路。

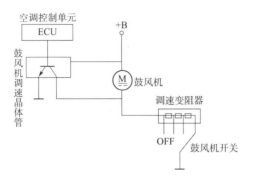

图 1-16 晶体管与调速变阻器组合型

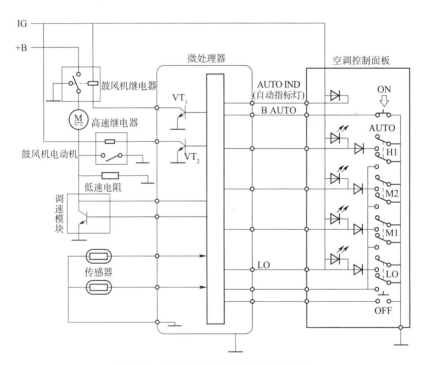

图 1-17 晶体管控制的鼓风机转速控制电路

1) 低速

ECU 发出低速工作指令时,电路中晶体管 VT_1 导通,鼓风机继电器常开触点闭合,鼓风机低速运转。当车内温度与设定温度接近时,亦维持最低转速。电流方向:蓄电池→鼓风机继电器→鼓风机电动机→低速电阻→搭铁。

2) 高速

当车内温度与设定温度差较大时,ECU 发出鼓风机高速工作信号,晶体管 VT_2 导通,鼓风机高速继电器常开触点闭合,鼓风机高速运转。电流方向:蓄电池→鼓风机继电器→鼓风机电动机→高速继电器→搭铁。

3）自动

当调整到自动模式时，ECU则根据车外温度与设定温度的参数，发出自动运行控制信号，调速模块晶体管以不同的角度导通，鼓风机电动机实现无级变速。电流方向：蓄电池→鼓风机继电器→鼓风机电动机→调速模块→搭铁。

4）时滞气流控制

该控制模式仅用于制冷工况，以防止在炎热有阳光下久停的新能源汽车起动空调时放出热空气。

3. 脉冲控制全调速型

这种鼓风机转速控制系统是由ECU根据系统送风量的要求，控制内部脉冲发生器，提供不同占空比的导通信号，调速模块中一般由大功率晶体管组成驱动鼓风机电路，完成对其转速的无级调节工作。

（四）新能源汽车空调鼓风机不工作常见故障诊断与处理

新能源汽车电动空调系统打开鼓风机开关，鼓风机电动机不转，说明鼓风机不工作。

鼓风机不工作时的检修步骤如下：

（1）检查鼓风机熔断丝、中间继电器。用万用表检测鼓风机熔断丝、中间继电器是否正常，不正常则更换。

（2）检查鼓风机电动机。供电电源向鼓风机供电，若鼓风机不能正常运转，可以确定鼓风机内部故障，应更换鼓风机。

（3）检查鼓风机控制电路。检查鼓风机开关、空调控制模块、鼓风机控制模块、鼓风机直接的电路线束，是否存在短路、断路等故障，如有故障则修复。

（4）检查鼓风机开关和控制元件。根据鼓风机的不同控制方式，结合电路图，检查鼓风机的开关、调试电阻、晶体管等开关和控制元件，有故障则需更换。

任务确认

1. 明确工作任务

认真阅读工作情景描述，用彩笔标记关键词，明确工作任务和工作要求（表1-30）。

工作任务和工作要求　　　　　　　　表1-30

工作任务	
工作要求	

2. 接车检查

结合接车检查单记录客户描述的问题,完成随车物品检查、车辆外观检查、车辆内饰检查。

3. 故障现象确认

(1)打开点火开关,观察组合仪表是否有故障灯点亮?

组合仪表故障灯点亮情况:_____。

(2)按下 A/C 开关,打开鼓风机,观察出风口是否有冷风出来?

进一步确认故障现象为:_____。

4. 接车检查单填写

请根据沟通内容、接车检查以及故障现象,填写接车检查单。

一汽大众某店车辆环检问诊单

是否预约	是□ 否□	车牌号_____		接车时间: 年 月 日 时 分	
基本信息	车主□ 送修人□	姓名	车型		购车日期
		电话	备用电话		总里程
		VIN 码			EV 里程
顾客描述	维 护:□首次维护	□强制维护	□一般维护		□常规维护
	发动机:□难起动	□急速不稳	□动力不足		□油耗高
	□易熄火	□抖动	□加速不良		
	异 响:□发动机	□底盘	□行驶		□变速器
	□制动	□仪表台	□座椅车门		
	灯 亮:□发动机故障灯	□SVS 灯	□ABS 灯		□空气囊灯
	□机油压力报警灯	□胎压报警	□EPS 灯/REPS 灯门		□ESP 灯
	□充电系统灯	□动力系统故障灯	□电机故障灯		□主警告指示灯
	□动力蓄电池故障灯	□发动机冷却液报警灯	□电机冷却液报警灯		
	空 调:□不制冷	□异响	□有异味		□出风冷热不均
	漏 水:□冷却液	□车身	□天窗		□前挡风 □后挡风
	漏 油:□发动机	□变速器	□制动		□转向
	事 故:□保险事故整形油漆	□局部整形补漆			
	具体描述(5W2H):				
物品确认 (有✓无×)	□备胎 □随车工具 □灭火器 □点烟器 □警示牌 □充电线 □其他_____				油量 F▮ E▯
环车检查	内饰检查□ 外观检查□ 检查结果:良好√ 异常×				电量 ▮+- ___%

续上表

服务顾问提醒	1. 维修旧件(非索赔件)处理：□顾客要求带走　　□顾客选择不带走 2. 维修后洗车：　　□洗车　　　　　□不洗车 3. 维修后充电：　　□充电　　　　　□不充电　　　□预估充电用时_____ 4. 已提醒您将车内贵重物品带离车辆并妥善保管。□已确认			
	服务顾问		顾客签字	
服务/技术顾问 初步建议	签名：			
维修班组 诊断结果	维修项目	所需备件	备件确认	索赔确认
			□有□无	□是□否
			□有□无	□是□否
			□有□无	□是□否

三、决策

（1）查阅维修手册或维修资料，并在下方图框处画出大众ID4空调系统鼓风机的电路图。

（2）根据电路图分析大众 ID4 空调系统鼓风机不工作的故障原因，讨论并完成下面的故障分析图（鱼骨图）。

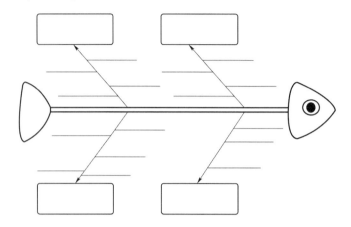

诊断步骤

通过查阅车辆维修手册，结合故障分析，编制空调系统鼓风机不工作故障诊断与排除的实施方案。

步骤 1：_____
步骤 2：_____
步骤 3：_____
步骤 4：_____
步骤 5：_____
步骤 6：_____
步骤 7：_____
步骤 8：_____

人员安排

请小组商量后，决定每个同学的角色及分工（表 1-31）。

角色及分工　　　　　　　　　表 1-31

班级		组号		指导老师	
组长		任务分工			
组员 1		任务分工			
组员 2		任务分工			
组员 3		任务分工			
组员 4		任务分工			
组员 5		任务分工			
组员 6		任务分工			

工具准备

请根据新能源汽车空调系统鼓风机不工作故障诊断与排除实施步骤,列出所需的工具设备及材料清单(表1-32)。

工具设备及材料清单 表1-32

序号	工具设备及材料名称	单位	数量	备注
1	三件套(车内和车外)	套	2	
2	常用防护装备(手套、护目镜、头盔等)、维修工具(绝缘拆装工具套装)	套	2	
3	实训车辆	台	2	
4	万用表、示波器、诊断仪(与车型匹配)	个	2	
5	熔断丝、继电器等元器件	个	若干	

注意事项

请根据操作条件,列举出操作时的注意事项(表1-33)。

操作注意事项 表1-33

序号	维修工序内容	注意事项
1	查阅维修手册,读取故障信息,制定流程	
2	控制线路检测	
3	线路修复	
4	元器件、模块检测	
5	元器件、模块更换	
6	复检	

四 实施

鼓风机不工作故障检修操作步骤见表1-34。

鼓风机不工作故障检修操作步骤 表1-34

操作步骤	示范图例
(1)车辆准备。正确放置车轮挡块、安装车内三件套,检查驻车制动挡位(应处于P挡),准备任务工具	

续上表

操作步骤	示范图例
（2）读取故障码和数据流。起动车辆，打开空调制冷系统，连接诊断仪，读取空调系统故障码，读取车辆鼓风机数据流。 故障码：_____ 主要数据流：_____	
（3）查看鼓风机电路图。根据空调制冷系统故障码和数据流显示鼓风机可能存在的故障，查看维修手册，查找鼓风机电路图，鼓风机控制单元线束有电源线、搭铁线、控制LIN线	
（4）检测鼓风机控制单元电源线电压。断开鼓风机控制单元插头，检测电源线电压，正常应为蓄电池电压。 电源线电压：_____	
（5）检测鼓风机控制单元LIN线电压。鼓风机控制单元控制LIN线电压正常应为9V左右，现电压接近于0V，控制单元LIN线可能存在故障。 LIN线电压：_____	

续上表

操作步骤	示范图例
(6)检测鼓风机控制单元搭铁线对地电阻。鼓风机控制单元搭铁线对地电阻正常应小于5Ω。 搭铁线对地电阻：_____	
(7)检测鼓风机控制单元LIN线至暖风和空调装置控制单元电阻。断开暖风和空调装置控制单元插头，检测鼓风机控制单元LIN线至暖风和空调装置控制单元电阻，正常应小于1Ω。 LIN线至暖风和空调装置控制单元电阻：_____	
(8)查找故障点，修复线束，再次检测鼓风机控制单元LIN线电压。电压9.6V，正常。 LIN线电压：_____	
(9)起动车辆，打开控制制冷系统，清除故障码，并再次读取空调系统故障码和鼓风机数据流，空调系统正常。 故障码：_____ 主要数据流：_____ _____	

57

五、检查

结合本学习活动操作过程,对任务执行过程中的操作规范性进行检查,总结规范的操作方法,并将检查结果填写在表 1-35 中。

检查结果　　　　　　　　　　　　　　　　　　　　表 1-35

项目	结果	
是否正确使用诊断仪读取新能源汽车空调制冷系统故障码、数据流,正确清除故障码	是□	否□
是否正确使用万用表、示波器等检测设备对新能源汽车空调鼓风机控制线束进行检测	是□	否□
是否正确使用万用表、示波器等检测设备对新能源汽车空调鼓风机元器件进行检测	是□	否□
是否正确修复故障点	是□	否□
是否正确使用诊断仪清除故障码	是□	否□
工具、现场整理是否到位	是□	否□

六、评估

活动总结

根据工作过程撰写鼓风机不工作故障诊断与排除技术总结(表 1-36)。

技术总结　　　　　　　　　　　　　　　　　　　　表 1-36

＿＿＿＿＿＿＿＿＿＿＿＿＿＿＿＿＿＿＿＿＿技术总结
一、故障现象确认
二、故障原因分析
三、故障检查过程 1. 使用故障诊断仪读取故障码、数据流

故障码	
数据流	

续上表

2. 故障检测步骤

检测对象	检测条件	检测值	标准值	结果判断

3. 故障确认

故障点	故障类型	维修措施

4. 竣工检验

新能源汽车空调制冷系统是否正常工作:是□　否□

四、总结新能源汽车空调制冷系统鼓风机不工作故障诊断与排除注意事项

五、经验和不足

活动评价

根据表1-37对学习过程进行自评、互评、教师评价。

学习过程评价表　　　　表1-37

新能源汽车空调制冷系统鼓风机不工作故障诊断与排除					实习日期:				
姓名:			班级:			学号:		教师签名:	
自评:□熟练　□不熟练			互评:□熟练　□不熟练			师评:□合格　□不合格		
日期:			日期:			日期:		
新能源汽车空调制冷系统鼓风机不工作故障诊断与排除【评分细则】								
序号	评分项	得分条件	分值(分)	评分要求	自评	互评	师评
1	安全/"8S"/态度	□(1)能进行工位"8S"操作; □(2)能进行设备和工具安全检查; □(3)能进行车辆安全防护操作; □(4)能进行工具清洁、校准、存放操作; □(5)能进行三不落地操作	15	未完成1项扣3分,扣完为止	□熟练 □不熟练	□熟练 □不熟练	□合格 □不合格

续上表

序号	评分项	得分条件	分值(分)	评分要求	自评	互评	师评
2	专业技能能力	□(1)能正确使用检测设备； □(2)能规范完成控制线路检测； □(3)能规范完成元器件检测	30	未完成1项扣10分，扣完为止	□熟练 □不熟练	□熟练 □不熟练	□合格 □不合格
3	工具及设备使用能力	□能正确使用万用表、诊断仪、示波器等维修工具和设备	10	未完成1项扣3分，扣完为止	□熟练 □不熟练	□熟练 □不熟练	□合格 □不合格
4	资料、信息查询能力	□(1)能正确使用维修手册查询资料； □(2)能正确记录所需维修信息	10	未完成1项扣3分，扣完为止	□熟练 □不熟练	□熟练 □不熟练	□合格 □不合格
5	数据判断和分析能力	□(1)能判断新能源汽车空调鼓风机控制线路好坏； □(2)能判断新能源汽车空调鼓风机相关元器件好坏	25	分析错误1项扣5分，扣完为止	□熟练 □不熟练	□熟练 □不熟练	□合格 □不合格
6	表单填写和报告撰写能力	□(1)字迹清晰； □(2)语句通顺； □(3)无错别字； □(4)无涂改； □(5)无抄袭	10	未完成1项扣1分，扣完为止	□熟练 □不熟练	□熟练 □不熟练	□合格 □不合格
总分：							

习题

1. 单选题

(1)汽车空调制冷剂回收/净化/加注机工作的相对湿度应(　　)。
　　A.大于85%　　B.不大于80%　　C.不大于85%　　D.小于90%

(2)抽真空的持续时间不少于(　　)min。
　　A.20　　　　　B.25　　　　　　C.30　　　　　　D.35

(3)(　　)在汽车制冷系统中冷却吸热、冷凝放热起着极其重要的作用。
　　A.制冷剂　　　B.冷凝剂　　　　C.化学式剂　　　D.冷却剂

(4)对汽车空调进行制冷剂加注前的准备包括(　　)。
　　A.车辆准备　　　　　　　　　B.工具、仪器准备
　　C.材料准备　　　　　　　　　D.以上三种都需要

(5)新能源汽车空调动力设备就是(　　)。
　　A.电动空调压缩机　　　　　　B.膨胀阀
　　C.冷凝器　　　　　　　　　　D.高压电池

(6)以下哪一项不是新能源汽车空调制冷系统的组成部分？(　　)

　　A.蒸发器　　　B.电动压缩机　　C.电磁离合器　　D.鼓风机

(7)(　　)作为信息采集部件,将制冷情况、车内外温度和其他有关信息输入到ECU中。

　　A.传感器　　　B.各种阀类　　　C.电动机　　　　C.自诊断系统

(8)新能源汽车内部与动力蓄电池直流母线相连或由动力蓄电池电源驱动的高压驱动零部件系统,主要包括:动力蓄电池系统和高压配电系统、电机及控制器系统、电动压缩机、DC/DC变换器、车载充电机和PTC加热器,下面选项中属于高压用电器的设备有(　　)。

　　A.车载充电机、DC/DC变换器

　　B.高压配电系统、电机及控制器系统

　　C.车载充电机、PTC加热器

　　D.电机及控制器系统、电动压缩机

(9)不属于电动空调压缩机无法正常启动的原因是(　　)。

　　A.12V控制电源未通入驱动控制器

　　B.控制电源电压不足或超压

　　C.PTC控制回路断路

　　D.电机缺相

(10)关于新能源汽车空调系统的主要组成部分作用叙述不正确的是(　　)。

　　A.通风系统:将新鲜空气送入车内,取代污浊空气

　　B.制冷系统:对车内空气或由外部进入车内的新鲜空气进行冷却,降低车内温度

　　C.暖风系统向车内提供暖气,提高车内环境温度

　　D.控制系统:VCU接收各种信号,控制执行装置,调节车内空气的温度和新鲜程度

2.判断题

(1)制冷剂有较高的稳定性,对金属、橡胶和润滑油无明显腐蚀。　　　　(　　)

(2)冷冻机油是不制冷的,还会妨碍热交换器的换热效果。　　　　　　　(　　)

(3)用于制冷剂R12或R134a的空调压力表是不可互换使用的,原因是这两种制冷剂和冷冻油是不能混用的,否则会对空调制冷系统造成严重伤害。　　　(　　)

(4)制冷剂的压力和温度之间有直接的关系,对任何给定的压力的值,存在一个相对应的温度值。　　　　　　　　　　　　　　　　　　　　　　　　(　　)

(5)在进行制冷性能测试时,应将空调设置在最大冷却状态,同时将鼓风机的风量设置在最高挡。　　　　　　　　　　　　　　　　　　　　　　　　(　　)

(6)新能源汽车空调系统采用压缩机为电动压缩机,其控制原理系统与传统空调压缩机控制相同。　　　　　　　　　　　　　　　　　　　　　　　　(　　)

(7)纯电动汽车空调系统电动压缩机的工作电源是12V直流电。 （ ）

(8)电动空调压缩机常见故障有驱动控制器正常工作,电动空调压缩机不正常工作。 （ ）

(9)在电动空调压缩机常见故障中,驱动控制器未接收到空调系统的AC开关信号的处理方法是检查高压空调主熔丝。 （ ）

(10)出现"负载过大故障"故障码属于压缩机故障。 （ ）

(11)出现"与PTC失去通信故障"故障码属于CAN通信故障。 （ ）

(12)新能源汽车空调控制系统中的执行装置按控制器的指令执行动作。（ ）

(13)空调控制器控制空调压缩机低压电路的通断,同时向执行装置发出控制信号,对车内空气的温度、湿度及流通状况按照预定要求进行调节。 （ ）

(14)新能源汽车电动空调工作时,听不到电动压缩机起动时的声音,而且仪表盘上电源电流无变化,则能判断电动压缩机不工作。 （ ）

3. 实操练习题

【任务名称】大众ID4空调制冷不良故障诊断与排除

【情景描述】某新能源汽车售后服务企业接收到一辆大众ID4新能源汽车,客户反映车辆空调制冷系统工作不良,启动功能设置后电动压缩机不工作,出风感觉不到凉意,初步诊断是制冷系统故障,需要对该故障进行诊断与排除。请你根据任务工单,在2h内依据车辆维修手册等技术标准和要求,通过检查制冷系统部件、线束、控制模块等,完成大众ID4空调制冷不良故障诊断与排除,并形成故障诊断与排除报告,完成后交付验收。

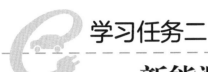

学习任务二

新能源汽车空调暖风不良故障诊断与排除

学习目标

知识目标

1. 能叙述新能源汽车空调暖风系统的作用,以及 PTC(PTC 为 Positive Temperature Coefficient 的缩写,意思是正的温度系数,泛指正温度系数很大的半导体材料或元器件)加热器的分类、PTC 加热器控制原理和常见故障诊断与处理的方法。

2. 能叙述热泵空调的组成及制冷与采暖原理,以及新能源汽车热泵空调系统组成及工作原理。

技能目标

1. 能正确解读和分析新能源汽车空调暖风不良故障维修任务工单,正确操作新能源汽车空调暖风系统,运用故障现象再现方法确认故障现象,记录新能源汽车空调暖风系统故障数据信息。

2. 能查阅并参照国家标准、行业标准、企业技术规程、车辆维修手册、车辆用户手册、新能源汽车空调电路图等技术资料,运用鱼骨图分析方法,制订新能源汽车空调暖风不良故障诊断与维修方案。

3. 能根据故障诊断与维修方案,确定作业所需的万用表、示波器、新能源汽车故障诊断仪、常用拆装工具、防护工具等工具、材料、设备,准确领取和检查相关工具、材料、设备。

4. 能根据故障诊断与维修方案,正确使用万用表、新能源汽车故障诊断仪等专用诊断设备,在规定时间内通过外观检查、数据检测、故障码读取等方法,规范检测 PTC 加热器元件及控制电路、热泵空调元件及控制电路等,查找新能源汽车空调暖风不良故障的故障点并进行修复。

5. 能遵循国家标准、行业标准及企业技术规程,基本遵守企业质检流程,完成新能源汽车空调暖风系统功能检验,填写任务工单。

素养目标

1. 能展示新能源汽车空调暖风不良故障诊断与维修方案,暖风不良故障诊断和排

新能源汽车空调故障诊断与排除

除的技术要点,总结工作经验,分析不足,提出改进措施。

2. 能对维修场地设备进行日常维护,按"8S"管理规定要求清理现场。

3. 能在作业过程中严格执行企业操作规范、安全生产制度,养成良好的工作习惯,培养严谨的工作作风,树立正确的质量强国意识。

参考学时

24学时。

任务描述

某新能源汽车售后服务企业接收到一辆有故障的新能源汽车,客户反映车辆空调暖风不良,初步诊断是空调暖风系统故障,需要对该故障进行诊断与排除。学生要在1.5学时内,运用专用诊断及检测设备,结合故障现象和车辆维修手册的相关指引,检查并确定引起故障现象的原因,并通过线路修复或部件更换的方式使车辆空调暖风系统性能恢复正常。

学生从教师处接受任务安排,通过阅读任务工单,明确任务要求,联系客户或服务顾问(由教师或学生扮演)确认新能源汽车空调暖风不良的故障现象;依据国家标准、行业标准、车辆维修手册、车辆用户手册和暖风系统电路图制订故障诊断与维修方案;根据故障诊断与维修方案,从工具、材料、设备管理人员(由教师扮演)处准确领取所需工具、材料、设备;遵循企业维修工作规程,查找、确定并修复空调暖风不良故障点,检验合格后填写作业检查单,最后交由教师进行验收。

工作过程中,学生应严格遵守国家、行业标准,执行企业操作规程,自觉遵守企业质量、安全、环保及"8S"管理等制度规定。

学习活动1 PTC加热器故障诊断与排除

情景描述

客户进入4S店,反映其大众ID4新能源汽车在打开空调后空调暖风效果差。经初步检查,诊断为空调系统PTC加热器有故障,需要对其进行检修。

任务要求

请你根据任务情景描述,在规定的时间内,分别完成PTC加热器故障诊断与排除

的方案编制和具体操作:

1. 列出需要和车主沟通的内容;
2. 完成车辆接车检查,填写好接车检查单;
3. 查阅该车型的维修手册,查看新能源汽车PTC加热器的电路图,列出可能产生的故障原因,并说明理由;
4. 根据情景描述的故障现象,查阅维修手册等资料,制订详细的新能源汽车空调PTC加热器故障诊断与排除的解决方案,并全面而细致地说明采取此方案的理由;
5. 查阅维修手册,对新能源汽车空调PTC加热器故障进行诊断与排除;
6. 列出在新能源汽车空调PTC加热器故障诊断与排除过程中需要注意的事项。

任务分组

全班学生分成5~6个学习小组,每小组4~6人,根据每组人数进行任务分工,部分任务可合并。

班组长(安全管理员、车间主管):任务布置,组员分工,安全督察,质量检验。

操作员(服务顾问、维修技师):接待问诊,基本检查,故障现象确认,检测操作,故障确认。

观察记录员(配件管理员、工具管理员):耗材准备,工具设备准备,维修资料查阅,记录故障现象、检测数据、故障点、故障处理措施等信息。

二 计划

知识链接

(一)新能源汽车空调暖风系统的主要作用

新能源汽车空调暖风系统主要有供热、通风与空气调节功能,简称HVAC(Heating, Ventilation and Air Conditioning)总成。

1. 冬季取暖

在寒冷的冬季,人在车内会感到寒冷,新能源汽车空调暖风系统可将车内空气或送入车内的外部新鲜空气加热,向车内提供暖气,以提高车厢内的温度,使乘员感到舒适。

2. 调节车内温度

现代新能源汽车空调系统的空调器已采用冷暖一体化的形式,利用加热器和蒸发器一起将冷空气调节到人所需要的舒适温度,以提高车内的舒适性。

3. 车窗玻璃除霜

在冬季或春秋季,由于车内外温差较大,车窗玻璃易起雾或结霜,影响驾驶人和乘客的视线,不利于行车安全,通过采暖系统吹出热风能为汽车除霜和除雾。

(二)新能源汽车空调暖风系统的类型

新能源汽车制热方案有空气(风暖)PTC、水暖 PTC 和热泵空调等。风暖 PTC 就是直接将 PTC 安装在驾驶室的暖风芯体处,通过鼓风机将车内空气循环起来并通过 PTC 加热器,直接加热驾驶室内的空气,结构相对简单。水暖 PTC 往往和电机冷却水路并在一起;将冷却液加热后在热交换器释放热量,然后通过鼓风机将加热后的空气送到车内。热泵空调是在电动压缩机制冷回路的基础上,增加电磁阀控制制冷剂流向,通过蒸发冷凝器从周围环境中吸收热量,通过内部冷凝器向座舱/热交换器释放热量。

PTC 热敏电阻型加热系统的发热原理是依靠电流通过电阻生热,新能源汽车上用的 PTC 是一种半导体热敏电阻。PTC 的特性是随着温度的升高 PTC 材料的阻值也会升高,这个特性决定了恒电压情况下,PTC 加热器在温度低的时候加热快,而温度上升后阻值变大,电流变小,PTC 消耗的能量变少,这样就能保持温度相对恒定。

PTC 热敏电阻按材质可以分为陶瓷 PTC 热敏电阻和有机高分子 PTC 热敏电阻。空调 PTC 加热器可分为黏结式陶瓷 PTC 加热器和金属 PTC 管状加热器。

1. 黏结式陶瓷 PTC 加热器

黏结式陶瓷 PTC 加热器是将多个陶瓷 PTC 芯片及铝波纹散热片用耐高温树脂胶黏结在一起的加热器,其散热性好,电气性能稳定。其中黏结式 PTC 加热器又分为加热器表面带电型和加热器表面不带电型两种。采用 PTC 陶瓷发热体制造的加热器具有优异的调温与节能特性、极低的热惯性、无明火和无辐射的安全性,以及良好的抗振性等优点。

2. 金属 PTC 管状加热器

金属 PTC 管状加热器采用镍铁合金丝为发热材料,发热管外镶铝散热片,其散热效果非常好。加热器配用温度控制器和热熔断器,使用更安全可靠。

(三)新能源汽车空调暖风系统 PTC 加热器的控制原理

新能源汽车空调系统主要部件由空调控制面板、HVAC 总成、PTC 加热器、电动压缩机、冷凝器、管路、风道等组成,如图 2-1 所示。PTC 加热器型暖风系统主要使用空调控制面板、HVAC 总成、PTC 加热器风道等部件。

新能源汽车空调暖风系统 PTC 加热器控制原理如图 2-2 所示,PTC 控制器安装在高压盒内。点火开关打开后,空调继电器为压缩机控制器、PTC 控制器和 PTC 提供电源。PTC 控制器根据来自空调面板的暖风请求信号(CANH 和 CANL)以及温度传感器信号,发送两个 PTC 加热器芯温度、PTC 驱动芯片温度、电流信号给整车控制器,整车控制器根据上述信号及动力蓄电池信息,进行系统运算、逻辑分析,从而控制 PTC 加热器工作,具有温度保护、过电流保护、欠电压和过电压保护等功能。

新能源汽车空调暖风不良故障诊断与排除 | 学习任务二

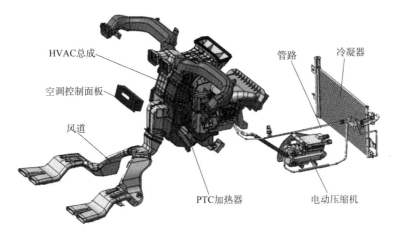

图 2-1　新能源汽车空调系统主要部件

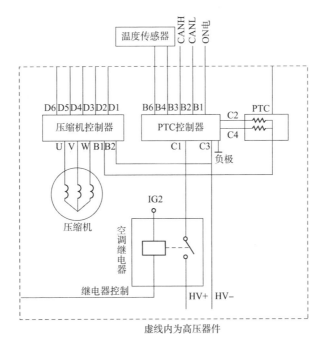

图 2-2　空调暖风系统 PTC 加热器控制原理图

新能源汽车空调暖风系统 PTC 加热器如图 2-3 所示,具有发热速度快、温度高且可控等优点,但耗电功率大,需 2kW 以上,对新能源汽车的续驶能力有较大的影响。PTC 本体由于温度相对较高,需周边结构配合为其提供空间,防止塑料件受热变形,同时 HVAC 内海绵及润滑脂易因高温产生异味。

新能源汽车空调暖风系统一般采用两级式控制,控制精度和乘员的舒适性都有所提高。PTC 加热器由两组电热阻丝并联组成,如图 2-4 所示,单独控制,温度传感器检测加热本体的温度,控制加热器导通和切断,熔断器防止加热器失控发生火灾。PTC 控制器根据环境温度、PTC 加热器温度、空调温度调节旋钮及动力蓄电池电压等控制

PTC 加热器中两个电热芯的通断。

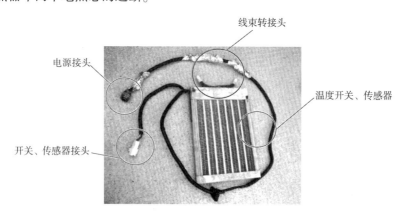

图 2-3　空调用 PTC 加热器实物图

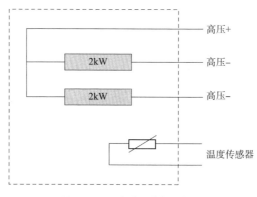

图 2-4　PTC 加热器结构示意图

（四）新能源汽车空调暖风系统 PTC 加热器的常见故障诊断

新能源汽车空调暖风系统 PTC 加热器的常见故障现象及原因见表 2-1。

新能源汽车空调暖风系统 PTC 加热器的常见故障现象及原因　　表 2-1

故障现象	故障原因	检测及排除措施
PTC 不工作，启动功能设置后仍为凉风	冷暖模式设置不正确	检查冷暖设置是否选择较暖方向
	PTC 本体断路	拔下高压附件线束测量 PTC 加热器高压正负间电阻是否正常
	PTC 控制回路断路	拔下高压附件线束测量 PTC 加热器高压正负间是否为导通
	内部短路烧毁高压熔断丝	更换 PTC 及高压熔断丝
PTC 过热，出风温度异常升高或从空调出风口嗅到塑料焦烟气味	PTC 控制模块损坏、粘连、不能断开	关闭制热功能，整车下电后检查 PTC 加热器及 PTC 控制模块

任务确认

1. 明确工作任务

认真阅读工作情景描述,用彩笔标记关键词,明确工作任务和工作要求(表2-2)。

工作任务和工作要求　　　　　　　　　　　　　　　　表2-2

工作任务	
工作要求	

2. 接车检查

结合接车检查单记录客户描述的问题,完成随车物品检查、车辆外观检查、车辆内饰检查。

3. 故障现象确认

(1)打开点火开关,观察组合仪表是否有故障灯点亮?

组合仪表故障灯点亮情况:_____。

(2)打开空调暖风系统,打开鼓风机,观察出风口是否有暖风出来?

进一步确认故障现象为:_____。

4. 接车检查单填写

请根据沟通内容、接车检查以及故障现象,填写接车检查单。

一汽大众某店车辆环检问诊单

是否预约　　是□　否□　　车牌号_____　　接车时间:　年　月　日　时　分

基本信息	车主□　送修人□	姓名		车型		购车日期	
		电话		备用电话		总里程	
		VIN 码				EV 里程	
顾客描述	维　　护:□首次维护　　□强制维护　　□一般维护　　□常规维护 发动机:□难起动　　□怠速不稳　　□动力不足　　□油耗高 　　　　□易熄火　　□抖动　　　　□加速不良 异　　响:□发动机　　□底盘　　　　□行驶　　　□变速器 　　　　□制动　　　□仪表台　　　□座椅车门 灯　　亮:□发动机故障灯　□SVS灯　　　□ABS灯　　　□空气囊灯 　　　　□机油压力报警灯　□胎压报警　□EPS灯/REPS灯门　□ESP灯 　　　　□充电系统灯　　□动力系统故障灯　□电机故障灯　□主警告指示灯 　　　　□动力蓄电池故障灯　□发动机冷却液报警灯　□电机冷却液报警灯 空　　调:□不制冷　　□异响　　　□有异味　　　□出风冷热不均 漏　　水:□冷却液　　□车身　　　□天窗　　　□前挡风　　□后挡风 漏　　油:□发动机　　□变速器　　□制动　　　□转向 事　　故:□保险事故整形油漆　□局部整形补漆 具体描述(5W2H):							

续上表

物品确认 (有√无×)	□备胎　□随车工具　□灭火器　□点烟器　□警示牌　□充电线　□其他_____	油量 F E 电量 ____%
环车检查	内饰检查□　　　外观检查□ 检查结果：良好√　异常×	
服务顾问提醒	1. 维修旧件(非索赔件)处理：□顾客要求带走　　□顾客选择不带走 2. 维修后洗车：　　□洗车　　　　　□不洗车 3. 维修后充电：　　□充电　　　　　□不充电　　　□预估充电用时_____ 4. 已提醒您将车内贵重物品带离车辆并妥善保管。□已确认 服务顾问　　　　　　　　　　　　　　　　顾客签字	
服务/技术顾问 初步建议	签名：	

维修班组 诊断结果	维修项目	所需备件	备件确认	索赔确认
			□有 □无	□是 □否
			□有 □无	□是 □否
			□有 □无	□是 □否

三 决策

（1）查阅维修手册或维修资料，并在下方图框处画出大众 ID4 空调系统 PTC 加热器的电路图。

(2)根据电路图分析大众 ID4 空调系统 PTC 加热器不工作的故障原因,讨论并完成下面的故障分析图(鱼骨图)。

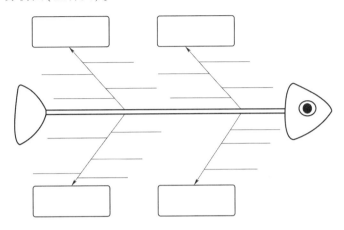

诊断步骤

通过查阅车辆维修手册,结合故障分析,编制空调系统 PTC 加热器不工作故障诊断与排除的实施方案。

步骤1:_____
步骤2:_____
步骤3:_____
步骤4:_____
步骤5:_____
步骤6:_____
步骤7:_____
步骤8:_____

人员安排

请小组商量后,决定每个同学的角色及分工(表 2-3)。

角色及分工　　　　　　表 2-3

班级		组号		指导老师	
组长		任务分工			
组员1		任务分工			
组员2		任务分工			
组员3		任务分工			
组员4		任务分工			
组员5		任务分工			
组员6		任务分工			

新能源汽车空调故障诊断与排除

工具准备

请根据新能源汽车空调系统PTC加热器不工作故障诊断与排除实施步骤,列出所需的工具设备及材料清单(表2-4)。

工具设备及材料清单　　　　　　表2-4

序号	工具设备及材料名称	单位	数量	备注
1	三件套(车内和车外)	套	2	
2	常用防护装备(手套、护目镜、头盔等)、维修工具(绝缘拆装工具套装)	套	2	
3	实训车辆	台	2	
4	万用表、示波器、诊断仪(与车型匹配)	个	2	
5	熔断丝、继电器等元器件	个	若干	

注意事项

请根据操作条件,列举出操作时的注意事项(表2-5)。

操作注意事项　　　　　　表2-5

序号	维修工序内容	注意事项
1	查阅维修手册,读取故障信息,制定流程	
2	高压防护安全	
3	控制线路检测	
4	线路修复	
5	元器件、模块检测	
6	元器件、模块更换	
7	复检	

四  实施

PTC加热器故障检修操作步骤见表2-6。

新能源汽车空调暖风不良故障诊断与排除 | **学习任务二**

PTC 加热器故障检修操作步骤　　　　　　　　　　　　　　　表 2-6

操作步骤	示范图例
（1）车辆准备。正确放置车轮挡块、安装车内三件套，检查驻车制动挡位（应处于 P 挡），准备任务工具	
（2）穿戴高电压安全防护装备。涉及拆卸、检查高电压部件和线束时，需检查并穿戴安全帽、护目镜、绝缘手套、绝缘鞋	
（3）读取故障码和数据流。启动车辆制热系统，连接诊断仪，读取空调制热系统数据流。 故障码：_____ 主要数据流：_____ _____	
（4）拆卸鼓风机，检查 PTC 元件及线束连接情况。 线束连接情况：_____	

续上表

操作步骤	示范图例
（5）查看 PTC 电路图。PTC 元件上有 2 个线束插头，低压插头上有 3 根线，分别是电源线、控制 LIN 线和搭铁线。橙色高压插头连接高压电 HV+、HV-	
（6）拆下低压插头，打开点火开关，检测 PTC 元件电源线电压。电源线电压正常应为蓄电池电压。 电源线电压：_____	
（7）检测 PTC 元件控制 LIN 线电压。控制 LIN 线电压正常应为 10V 左右。 LIN 线电压：_____	
（8）关闭点火开关，检测 PTC 元件搭铁线至负极的电阻。搭铁线至负极的电阻正常应为 1Ω 左右。 搭铁线对地电阻：_____	

续上表

操作步骤	示范图例
(9)检测 PTC 本体 HV + 和 HV - 之间电阻。PTC 本体 HV + 和 HV - 之间电阻正常应为几百千欧(与温度有关)。 PTC 本体电阻:＿＿＿＿＿	
(10)检测显示 PTC 本体 HV + 和 HV - 之间电阻无穷大,说明 PTC 本体有故障,更换 PTC 本体后再次测量 HV + 和 HV - 之间电阻。 PTC 本体电阻:＿＿＿＿＿	
(11)连接线束,装回鼓风机,打开空调制热系统,用诊断仪再次读取空调制热系统数据流,确认故障已排除。 故障码:＿＿＿＿＿＿＿＿ 主要数据流:＿＿＿＿＿＿	

五、检查

结合本学习活动操作过程,对任务执行过程中的操作规范性进行检查,总结规范的操作方法,并将检查结果填写在表 2-7 中。

新能源汽车空调故障诊断与排除

检查结果　　　　　　　　　　　　　　　　　　　　　　　　　表2-7

项目	结果
是否正确使用诊断仪读取新能源汽车空调暖风系统故障码、数据流	是□　否□
是否正确使用万用表、示波器等检测设备对新能源汽车空调PTC加热器控制线束进行检测	是□　否□
是否正确使用万用表、示波器等检测设备对新能源汽车空调PTC加热器元器件进行检测	是□　否□
是否正确修复故障点	是□　否□
是否正确使用诊断仪清除故障码	是□　否□
工具、现场整理是否到位	是□　否□

六、评估

活动总结 》》》

根据工作过程撰写PTC加热器不工作故障诊断与排除技术总结（表2-8）。

技术总结　　　　　　　　　　　　　　　　　　　　　　　　　表2-8

＿＿＿＿＿＿＿＿＿＿＿＿＿＿＿＿＿技术总结
一、故障现象确认
二、故障原因分析
三、故障检查过程 1. 使用故障诊断仪读取故障码、数据流

故障码	
数据流	

2. 故障检测步骤

检测对象	检测条件	检测值	标准值	结果判断

续上表

3.故障确认

故障点	故障类型	维修措施

4.竣工检验

新能源汽车空调暖风系统是否正常工作:是□　否□

四、总结新能源汽车空调暖风系统 PTC 加热器不工作故障诊断与排除注意事项

五、经验和不足

活动评价

根据表2-9对学习过程进行自评、互评、教师评价。

学习过程评价表　　　　　　　　　　　　　表2-9

新能源汽车空调暖风系统 PTC 加热器不工作故障诊断与排除			实习日期:			
姓名:		班级:	学号:		教师签名:	
自评:□熟练　□不熟练		互评:□熟练　□不熟练	师评:□合格　□不合格			
日期:		日期:	日期:			
新能源汽车空调暖风系统 PTC 加热器不工作故障诊断与排除【评分细则】						
序号	评分项	得分条件	分值(分)	评分要求	自评	互评	师评
1	安全/"8S"/态度	□(1)能进行工位"8S"操作; □(2)能进行设备和工具安全检查; □(3)能进行车辆安全防护操作; □(4)能进行工具清洁、校准、存放操作; □(5)能进行三不落地操作	15	未完成1项扣3分,扣完为止	□熟练 □不熟练	□熟练 □不熟练	□合格 □不合格
2	专业技能能力	□(1)能正确使用检测设备; □(2)能规范完成控制线路检测; □(3)能规范完成元器件检测	30	未完成1项扣10分,扣完为止	□熟练 □不熟练	□熟练 □不熟练	□合格 □不合格

续上表

序号	评分项	得分条件	分值（分）	评分要求	自评	互评	师评
3	工具及设备使用能力	□能正确使用万用表、诊断仪、示波器等维修工具和设备	10	未完成1项扣3分，扣完为止	□熟练 □不熟练	□熟练 □不熟练	□合格 □不合格
4	资料、信息查询能力	□(1)能正确使用维修手册查询资料； □(2)能正确记录所需维修信息	10	未完成1项扣3分，扣完为止	□熟练 □不熟练	□熟练 □不熟练	□合格 □不合格
5	数据判断和分析能力	□(1)能判断新能源汽车空调PTC加热器控制线路好坏； □(2)能判断新能源汽车空调PTC加热器相关元器件好坏	25	分析错误1项扣5分，扣完为止	□熟练 □不熟练	□熟练 □不熟练	□合格 □不合格
6	表单填写和报告撰写能力	□(1)字迹清晰； □(2)语句通顺； □(3)无错别字； □(4)无涂改； □(5)无抄袭	10	未完成1项扣1分，扣完为止	□熟练 □不熟练	□熟练 □不熟练	□合格 □不合格
总分：							

学习活动2 热泵空调系统暖风不良故障诊断与排除

一 资讯

情景描述

客户进入4S店，反映其比亚迪元新能源汽车在打开空调后空调暖风效果差。经初步检查，诊断为热泵空调系统暖风不良，需要对其进行检修。

任务要求

请你根据任务情景描述，在规定的时间内，分别完成热泵空调系统暖风不良故障诊断与排除的方案编制和具体操作：

1. 列出需要和车主沟通的内容；
2. 完成车辆接车检查，填写好接车检查单；

3. 查阅该车型的维修手册,查看新能源汽车热泵空调的电路图,列出可能产生的故障原因,并说明理由;

4. 根据情景描述的故障现象,查阅维修手册等资料,制订详细的新能源汽车热泵空调系统暖风不良故障诊断与排除的解决方案,并全面而细致地说明采取此方案的理由;

5. 查阅维修手册,对新能源汽车热泵空调系统暖风不良故障进行诊断与排除;

6. 列出在新能源汽车热泵空调系统暖风不良故障诊断与排除过程中需要注意的事项。

任务分组

全班学生分成 5~6 个学习小组,每小组 4~6 人,根据每组人数进行任务分工,部分任务可合并。

班组长(安全管理员、车间主管):任务布置,组员分工,安全督察,质量检验。

操作员(服务顾问、维修技师):接待问诊,基本检查,故障现象确认,检测操作,故障确认。

观察记录员(配件管理员、工具管理员):耗材准备,工具设备准备,维修资料查阅,记录故障现象、检测数据、故障点、故障处理措施等信息。

二、计划

知识链接

(一)热泵空调的制冷与采暖原理

热泵空调是一种高效节能装置,既可制冷又可制热,制热时以逆循环方式迫使热量从低温物体流向高温物体,仅消耗少量的逆循环功,即可以得到较大的供热量,从而达到节能的目的。

热泵空调系统主要包括电动压缩机、3 个换热器(车外冷凝器、车内冷凝器及车内蒸发器)、2 个电磁阀(制冷电磁阀及采暖电磁阀)、2 个电子膨胀阀(制冷电子膨胀阀及采暖电子膨胀阀)以及制冷剂压力及温度传感器等。空调压缩机通过交流高压电驱动,一般为定排量、涡旋式类型,通过电机转速的变化向空调系统提供所需的制冷剂量;电磁阀为开关型,通电时工作而接通管路;电子膨胀阀是按照指令使步进电机转动而实现针阀轴向移动,通过改变阀口的流通面积来调节制冷剂的流量,使制冷剂流量与热负荷相匹配。

1. 制冷原理

热泵空调制冷时,制冷电磁阀及制冷电子膨胀阀工作,如图 2-5 所示。从压缩机出来的高温高压制冷剂,经过制冷电磁阀后进入车外冷凝器,与室外空气进行热交换后变为高压中温液态,经过制冷电子膨胀阀节流后进入车内蒸发器,吸收车内热量后液态制冷剂变为低压低温气态回流至压缩机,完成制冷循环。

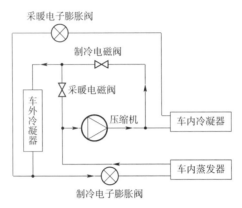

图 2-5　热泵空调制冷原理示意图

2. 采暖原理

热泵空调采暖时,采暖电子膨胀阀及采暖电磁阀工作,如图 2-6 所示。从压缩机出来的高温高压制冷剂进入车内冷凝器并放热,放热后制冷剂冷却成高压中温的液体,经过采暖电子膨胀阀节流后进入车外冷凝器,吸收车外环境的热量后液态制冷剂变为低压低温气态,再经过采暖电磁阀回流至压缩机,完成采暖循环。

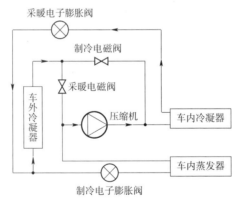

图 2-6　热泵空调采暖原理示意图

(二)新能源汽车热泵空调系统

新能源汽车热管理主要分为三部分:动力蓄电池热管理、电机电控热管理和驾驶室热管理。热管理集成模块作为整车热量的中转站,控制全车不同部件之间的热量流动,其热量来源除热泵空调和 PTC 制热外,还可将功率电子、电机电控运转中产生的热量作为第二热源,共同参与制热,进一步提升汽车续航与冬季制热效率。

比亚迪某新能源汽车热泵空调系统主要由电动空调压缩机、电子风扇、电机散热器、车外冷凝器、车内冷凝器与车内蒸发器、动力蓄电池直冷直热板、气液分离器、热管理集成模块以及板式换热器(位于热管理集成模块下方)等组成,如图2-7所示,制冷剂为R134a。热管理集成模块上集成了6个电磁阀、3个电子膨胀阀以及9个制冷剂管接头,如图2-8所示。

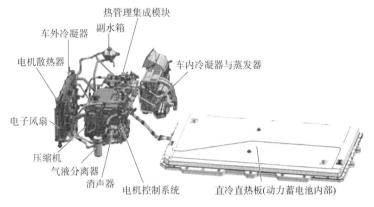

图2-7 热泵空调系统组成

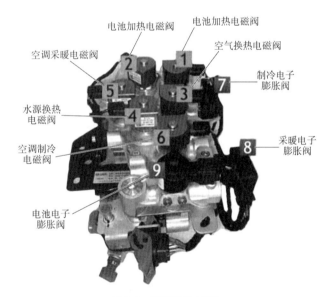

图2-8 热管理集成模块

热泵空调系统工作原理示意图如图2-9所示,图中PT-1、PT-2表示两个制冷剂压力及温度传感器,P-1表示制冷剂压力传感器,T-1、T-2表示两个制冷剂温度传感器。热泵空调系统取消了传统新能源汽车的高压PTC加热器,替换为低压风加热PTC加热器(1kW),用于极低温环境温度下辅助采暖。

1. 空调采暖

当车辆低温行驶(或停止)时,打开空调系统采暖,热泵空调系统开启电动压缩机,采暖电子膨胀阀工作、水源换热电磁阀及空调采暖电磁阀均打开,制冷剂通过车内冷凝器放热,通过板式换热器吸收驱动电机、电机控制器等电驱动单元的热量。极低温情况下,可以开启 PTC 加热器辅助加热,提高热泵空调的适用温度范围。空调采暖时,制冷剂的流动路线为:压缩机→车内冷凝器→采暖电子膨胀阀→水源换热电磁阀→板式换热器→空调采暖电磁阀→气液分离器→压缩机,如图 2-10 所示。

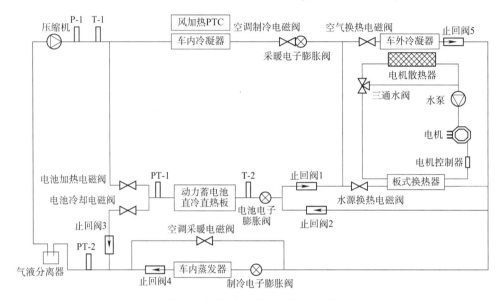

图 2-9　热泵空调系统工作原理示意图

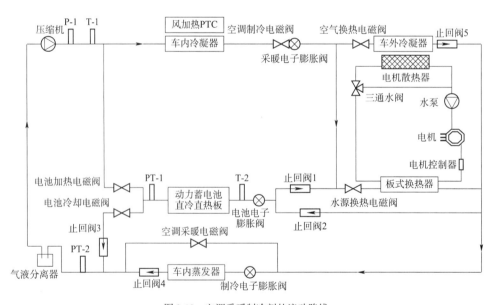

图 2-10　空调采暖制冷剂的流动路线

2. 动力蓄电池加热

当低温环境下充电,为缩短充电时间,或者是车辆低温行驶时,为改善低温下整车的动力性,热泵空调工作对动力蓄电池直接进行加热。此时,电池电子膨胀阀开启工作,电池加热电磁阀、水源换热电磁阀和空调采暖电磁阀均打开,制冷剂通过板式换热器吸收电驱动单元余热,加热动力蓄电池直冷直热板。电池加热时,制冷剂的流动路线为:压缩机→电池加热电磁阀→动力蓄电池直冷直热板→电池电子膨胀阀→止回阀1→水源换热电磁阀→板式换热器→空调采暖电磁阀→气液分离器→压缩机,如图2-11所示。

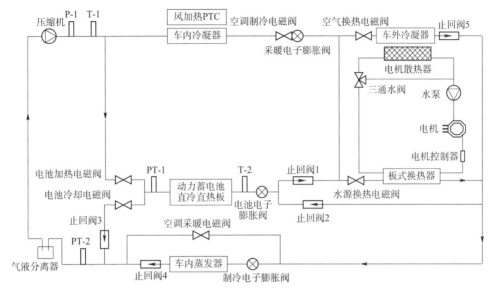

图2-11 动力蓄电池加热冷剂的流动路线

3. 空调采暖和动力蓄电池同时加热

当车辆低温行驶或低温充电时,若需要同时给乘员舱采暖和动力蓄电池加热,热泵空调系统开启电动压缩机,采暖电子膨胀阀和电池电子膨胀阀同时开启工作,水源换热电磁阀、电池加热电磁阀及空调采暖电磁阀均打开,吸收电驱动单元余热,车内冷凝器和动力蓄电池直冷直热板放热,若有必要,可以开启PTC加热器辅助加热,制冷剂的流动方向如图2-10和图2-11所示。

4. 空调制冷

当车辆高温行驶(或停止)时,打开空调系统制冷,热泵空调系统开启电动压缩机,制冷电子阀膨胀阀工作,空调制冷电磁阀及空气换热电磁阀均打开,制冷剂通过车外冷凝器放热,车内蒸发器吸收车内热量。空调制冷时,制冷剂的流动路线为:压缩机→车内冷凝器→空调制冷电磁阀→空气换热电磁阀→止回阀5→制冷电子膨胀阀→车内蒸发器→止回阀4→气液分离器→压缩机,如图2-12所示。

5. 动力蓄电池冷却

充电特别是大功率充电时,为了防止动力蓄电池温度过高,热泵空调工作,对动力蓄电池直接进行冷却;车辆行驶时,当动力蓄电池温度高于设定值,热泵空调也开始工作。此时,电池电子膨胀阀开启工作,空调制冷电磁阀、空气换热电磁阀和电池冷却电磁阀均打开。制冷剂通过车外换热器放热,通过动力蓄电池直冷直热板吸热。动力蓄电池冷却时,制冷剂的流动路线为:压缩机→车内冷凝器→空调制冷电磁阀→空气换热电磁阀→止回阀5→止回阀2→电池电子膨胀阀→动力蓄电池直冷直热板→电池冷却电磁阀→止回阀3→气液分离器→压缩机,如图2-13所示。

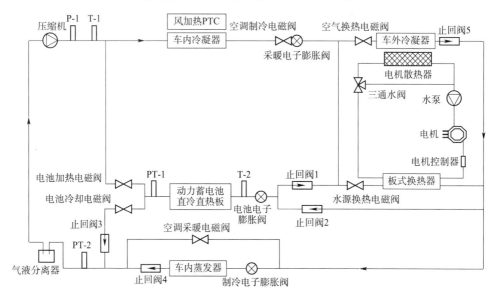

图2-12 空调制冷制冷剂的流动路线

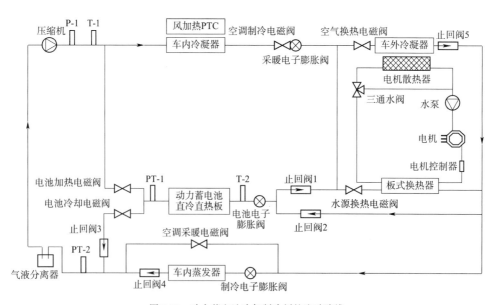

图2-13 动力蓄电池冷却制冷剂的流动路线

6. 空调制冷和动力蓄电池同时冷却

车辆充电或者车辆行驶时,若同时需要车内制冷以及动力蓄电池冷却,热泵空调工作,此时电池电子膨胀阀和制冷电子膨胀阀同时开启工作,空调制冷电磁阀、空气换热电磁阀和电池冷却电磁阀均打开,制冷剂的流动方向如图2-12和图2-13所示。

任务确认

1. 明确工作任务

认真阅读工作情景描述,用彩笔标记关键词,明确工作任务和工作要求(表2-10)。

工作任务和工作要求　　　　　　　　　　　　　　　　　　　　　　表2-10

工作任务	
工作要求	

2. 接车检查

结合接车检查单记录客户描述的问题,完成随车物品检查、车辆外观检查、车辆内饰检查。

3. 故障现象确认

(1)打开点火开关,观察组合仪表是否有故障灯点亮?

组合仪表故障灯点亮情况:_____。

(2)打开空调暖风系统,打开鼓风机,观察出风口是否有暖风出来?

进一步确认故障现象为:_____。

4. 接车检查单填写

请根据沟通内容、接车检查以及故障现象填写接车检查单。

○车主　　○送修人　　服务顾问:　　　　　接车时间:　年　月　日　时　分	
基本信息 姓　名: 电　话: 车牌号: 总里程(km): EV里程(km): 油量表:	**客户需求** ○首次维护　　○常规维护　　○美容装潢 ○一般维修　　○检查检修　　○事故维修 需求描述: ○洗车　　　○健诊服务

新能源汽车空调故障诊断与排除

外观检查

检查结果：
○无环检
○外观状态良好
○外观状态受损

温馨提醒：请您将车内贵重物品带离车辆并妥善保管。

客户确认签字：

三  决策

（1）查阅维修手册或维修资料，并在下方图框处画出比亚迪元/海豹热泵空调的电路图。

(2)根据电路图分析比亚迪元/海豹热泵空调系统暖风不良的故障原因,讨论并完成下面的故障分析图(鱼骨图)。

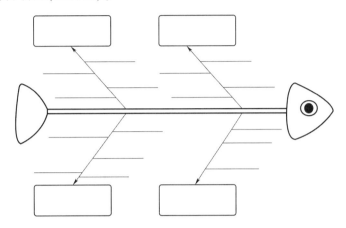

诊断步骤

通过查阅车辆维修手册,结合故障分析,编制热泵空调系统暖风不良故障诊断与排除的实施方案。

步骤1:_____
步骤2:_____
步骤3:_____
步骤4:_____
步骤5:_____
步骤6:_____
步骤7:_____
步骤8:_____

人员安排

请小组商量后,决定每个同学的角色及分工(表2-11)。

角色及分工　　　　　　　　表2-11

班级		组号		指导老师	
组长		任务分工			
组员1		任务分工			
组员2		任务分工			
组员3		任务分工			
组员4		任务分工			
组员5		任务分工			
组员6		任务分工			

新能源汽车空调故障诊断与排除

工具准备

请根据新能源汽车热泵空调系统暖风不良故障诊断与排除实施步骤,列出所需的工具设备及材料清单(表2-12)。

工具设备及材料清单　　　　　　　表2-12

序号	工具设备及材料名称	单位	数量	备注
1	三件套(车内和车外)	套	2	
2	常用防护装备(手套、护目镜、头盔等)、维修工具(绝缘拆装工具套装)	套	2	
3	实训车辆	台	2	
4	万用表、示波器、诊断仪(与车型匹配)	个	2	
5	熔断丝、继电器等元器件	个	若干	

注意事项

请根据操作条件,列举出操作时的注意事项(表2-13)。

操作注意事项　　　　　　　表2-13

序号	维修工序内容	注意事项
1	查阅维修手册,读取故障信息,制定流程	
2	高压防护安全	
3	控制线路检测	
4	线路修复	
5	元器件、模块检测	
6	元器件、模块更换	
7	复检	

 实施

热泵空调系统暖风不良故障检修操作步骤见表2-14。

新能源汽车空调暖风不良故障诊断与排除 | **学习任务二**

热泵空调系统暖风不良故障检修操作步骤　　　　表 2-14

操作步骤	示范图例
（1）车辆准备。正确放置车轮挡块、安装车内三件套，检查驻车制动挡位（应处于 P 挡），准备任务工具	
（2）穿戴高电压安全防护装备。涉及拆卸、检查高电压部件和线束时，需检查并穿戴安全帽、护目镜、绝缘手套、绝缘鞋	
（3）读取故障码和数据流。启动车辆暖风系统，连接诊断仪，读取空调暖风系统故障码和数据流。故障码和数据流显示电子膨胀阀 2 存在故障。 故障码：＿＿＿＿＿＿＿＿＿＿ 主要数据流：＿＿＿＿＿＿＿＿ ＿＿＿＿＿＿＿＿＿＿＿＿＿＿	

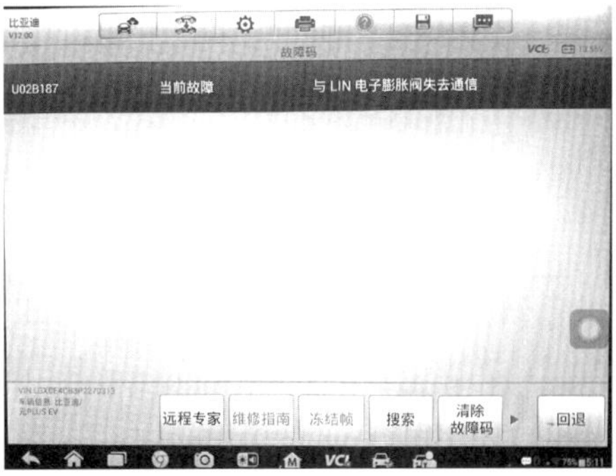

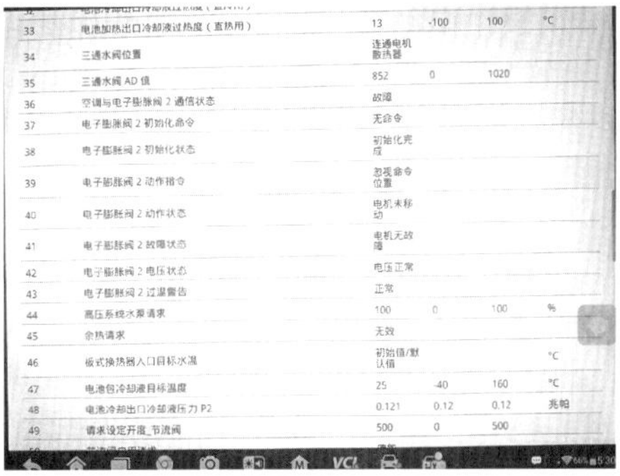

89

续上表

操作步骤	示范图例
（4）查看空调系统电路图。采暖电子膨胀阀插头上有 3 根线，分别是电源线、控制 LIN 线和搭铁线	空调系统电路图
（5）拆下插头，打开点火开关，检测采暖电子膨胀阀电源线电压。电源线电压正常应为蓄电池电压。 电源线电压：＿＿＿＿＿＿	
（6）检测采暖电子膨胀阀控制 LIN 线电压。控制 LIN 线电压正常应为 10V 左右。 LIN 线电压：＿＿＿＿＿＿	
（7）关闭点火开关，检测采暖电子膨胀阀搭铁线至负极的电阻。搭铁线至负极的电阻正常应为 1Ω 左右。 搭铁线对地电阻：＿＿＿＿＿＿	

续上表

操作步骤	示范图例
（8）检测显示采暖电子膨胀阀电源线没有电压，根据电路图显示采暖电子膨胀阀由熔断丝 F2/03 供电，通过电路图找到仪表配电盒熔断丝 F2/03 位置	
（9）拆下熔断丝 F2/03，检测电阻。 熔断丝电阻：_____	
（10）检测显示熔断丝 F2/03 损坏，更换熔断丝，重新检测采暖电子膨胀阀电源线电压。 电源线电压：_____	

续上表

操作步骤	示范图例
（11）重新读取空调暖风系统故障码和数据流，显示空调暖风系统正常工作。 故障码：_____ 主要数据流：_____	

五 检查

结合本学习活动操作过程，对任务执行过程中的操作规范性进行检查，总结规范的操作方法，并将检查结果填写在表 2-15 中。

检查结果　　　　　　　　　　　　　　　　　　　　　　　　表 2-15

项目	结果
是否正确使用诊断仪读取新能源汽车空调暖风系统故障码、数据流	是□　否□
是否正确使用万用表、示波器等检测设备对新能源汽车热泵空调控制线束进行检测	是□　否□
是否正确使用万用表、示波器等检测设备对新能源汽车热泵空调元器件进行检测	是□　否□
是否正确修复故障点	是□　否□
是否正确使用诊断仪清除故障码	是□　否□
工具、现场整理是否到位	是□　否□

六、评估

活动总结

根据工作过程撰写热泵空调系统暖风不良故障诊断与排除技术总结(表2-16)。

技术总结　　　　　　　　　　　　　　　　　　　　　　　表2-16

_____技术总结

一、故障现象确认

二、故障原因分析

三、故障检查过程
1. 使用故障诊断仪读取故障码、数据流

故障码	
数据流	

2. 故障检测步骤

检测对象	检测条件	检测值	标准值	结果判断

3. 故障确认

故障点	故障类型	维修措施

4. 竣工检验
新能源汽车空调暖风系统是否正常工作：是□　　否□

四、总结新能源汽车空调热泵空调系统暖风不良故障诊断与排除注意事项

五、经验和不足

新能源汽车空调故障诊断与排除

活动评价

根据表2-17对学习过程进行自评、互评、教师评价。

学习过程评价表　　　　　　　　　　　　　　　　　　　　　表2-17

新能源汽车热泵空调系统暖风不良故障诊断与排除				实习日期：			
姓名：		班级：		学号：		教师签名：	
自评：□熟练　□不熟练		互评：□熟练　□不熟练		师评：□合格　□不合格			
日期：		日期：		日期：			
新能源汽车热泵空调系统暖风不良故障诊断与排除【评分细则】							
序号	评分项	得分条件	分值(分)	评分要求	自评	互评	师评
1	安全/"8S"/态度	□(1)能进行工位"8S"操作； □(2)能进行设备和工具安全检查； □(3)能进行车辆安全防护操作； □(4)能进行工具清洁、校准、存放操作； □(5)能进行三不落地操作	15	未完成1项扣3分，扣完为止	□熟练 □不熟练	□熟练 □不熟练	□合格 □不合格
2	专业技能能力	□(1)能正确使用检测设备； □(2)能规范完成控制线路检测； □(3)能规范完成元器件检测	30	未完成1项扣10分，扣完为止	□熟练 □不熟练	□熟练 □不熟练	□合格 □不合格
3	工具及设备使用能力	□能正确使用万用表、诊断仪、示波器等维修工具和设备	10	未完成1项扣3分，扣完为止	□熟练 □不熟练	□熟练 □不熟练	□合格 □不合格
4	资料、信息查询能力	□(1)能正确使用维修手册查询资料； □(2)能正确记录所需维修信息	10	未完成1项扣3分，扣完为止	□熟练 □不熟练	□熟练 □不熟练	□合格 □不合格
5	数据判断和分析能力	□(1)能判断新能源汽车热泵空调控制线路好坏； □(2)能判断新能源汽车热泵空调相关元器件好坏	25	分析错误1项扣5分，扣完为止	□熟练 □不熟练	□熟练 □不熟练	□合格 □不合格
6	表单填写和报告撰写能力	□(1)字迹清晰； □(2)语句通顺； □(3)无错别字； □(4)无涂改； □(5)无抄袭	10	未完成1项扣1分，扣完为止	□熟练 □不熟练	□熟练 □不熟练	□合格 □不合格
总分：							

习题

1. 单选题

(1) 下列关于 PTC 型的热敏电阻说法正确的是(　　)。
　A. 可以用于后视镜加热电路
　B. 随温度的上升电阻下降
　C. 通常用于发动机冷却液温度传感器
　D. 通常用于熔断丝

(2) 热敏电阻根据温度特性分为 PTC 和 NTC，PTC 热敏电阻标称零功率电阻值是在(　　)℃时的零功率电阻值。
　A. 15　　　　B. 20　　　　C. 25　　　　D. 30

(3) 开关温度是 PTC 热敏电阻器的电阻值发生阶跃增加的温度，通常规定电阻值为最小电阻值 R_{min} 的(　　)倍时所对应的温度。
　A. 1　　　　B. 2　　　　C. 3　　　　D. 4

(4) 新能源汽车高压分配单元中不包含的部件有(　　)。
　A. PTC 熔断器　　B. 负极接触器　　C. 电流传感器　　D. 正极接触器

(5) 北汽 EV160 纯电动汽车空调暖风系统 PTC 加热器一般采用(　　)形式。
　A. 加热冷却液　　B. 加热空气　　C. 加热油　　D. 加热水

(6) PTC 加热器的输出功率会随环境温度的升高而(　　)。
　A. 明显降低　　B. 明显升高　　C. 基本不变　　D. 无法确定

(7) 正常情况下，新能源汽车在关闭点火开关后，高压系统(　　)高压电。
　A. 不存在　　B. 存在　　C. 可能存在　　D. 无法确定

(8) 不属于 PTC 加热器特性的是(　　)。
　A. 电阻—温度特性　　　　B. 电流—温度特性
　C. 电压—电流特性　　　　D. 调温特性

(9) 关于新能源汽车热泵式空调系统的制热原理不正确的是(　　)。
　A. 从压缩机出口排出的高温高压制冷剂气体经止回阀、四通换向阀进入室内换热器
　B. 制冷剂放热后冷凝为低温高压的制冷剂液体流经双向热力膨胀阀进行节流降压
　C. 节流后的制冷剂蒸气进入室外换热器与室外空气进行热交换
　D. 吸热后从室外热交换器排出的低温低压制冷剂经止回阀、四通换向阀被压缩机吸入气缸

2. 判断题

(1) 新能源汽车空调和 PTC 加热器属于两个独立的控制单元。　　　　(　　)
(2) 新能源汽车主要采用 PTC 加热器、热泵空调、电加热装置三种方式实现供暖。
　　　　　　　　　　　　　　　　　　　　　　　　　　　　　　(　　)

(3)纯电动汽车空调供暖时,可利用高压电直接加热空气,这种方法的结构简单、热效率高,且十分安全。（　　）

(4)北汽 EV160 型纯电动汽车空调系统处于供暖状态时,空调控制器采集室内温度传感器信号,通过逻辑运算发送 CAN 控制信号,PTC 总成根据控制信号调整发热功率。
（　　）

(5)无论利用何种热源,热量都通过热交换装置传递给空气,并通过鼓风机把热空气送入车厢内。（　　）

(6)新能源汽车空调暖风系统与传统汽车空调暖风系统没什么区别。（　　）

(7)PTC 加热器的输出功率会随环境温度的升高而升高。（　　）

(8)PTC 加热器不能起到功率自动调节的作用。（　　）

(9)黏结式陶瓷 PTC 加热器是将多个陶瓷 PTC 芯片及铝波纹散热片用耐高温树脂胶黏结在一起的加热器,其散热性好,电气性能稳定。（　　）

(10)金属 PTC 管状加热器采用镍铁合金丝为发热材料,发热管外铝散热片,其散热效果较差。（　　）

(11)电动热泵空调工作效率比较高,但低温制热能力受到条件限制,还需要进一步改进。（　　）

3. 实操练习题

【任务名称】大众 ID4 空调暖风不良故障诊断与排除

【情景描述】某新能源汽车售后服务企业接收到一辆大众 ID4 新能源汽车,客户反映车辆空调暖风系统 PTC 不工作,启动功能设置后仍为凉风,初步诊断是暖风系统故障,需要对该故障进行诊断与排除。请你根据任务工单,在 2h 内依据车辆维修手册等技术标准和要求,通过检查暖风系统部件、线束、控制模块等,完成大众 ID4 空调暖风不良故障诊断与排除,并形成故障诊断与排除报告,完成后交付验收。

学习任务三

新能源汽车空调工作异响故障诊断与排除

学习目标

知识目标

1. 能叙述新能源汽车电动压缩机的作用、类型和工作原理，以及电动压缩机工作异响常见故障现象和原因。

2. 能叙述新能源汽车鼓风机的分类和工作原理，以及鼓风机工作异响常见故障现象和原因。

3. 能叙述新能源汽车空调风道系统的组成、作用和类型，以及空调风道异响常见故障现象和原因。

技能目标

1. 能正确解读和分析新能源汽车空调工作异响故障维修任务工单，正确操作新能源汽车空调系统，运用故障现象再现方法确认故障现象，记录新能源汽车空调系统工作异响故障数据信息。

2. 能查阅并参照国家标准、行业标准、企业技术规程、车辆维修手册、车辆用户手册、新能源汽车空调电路图等技术资料，运用鱼骨图分析方法，制订新能源汽车空调工作异响故障诊断与维修方案。

3. 能根据故障诊断与维修方案，确定作业所需的听诊器、制冷剂加注机、万用表、示波器、新能源汽车故障诊断仪、常用拆装工具、防护工具等工具、材料、设备，准确领取和检查相关工具、材料、设备。

4. 能根据故障诊断与维修方案，正确操作制冷剂加注机、万用表、新能源汽车故障诊断仪等专用诊断设备，在规定时间内通过外观检查、数据检测、故障码读取等方法，规范检测电动压缩机元件、鼓风机元件、空调风道等，查找新能源汽车空调工作异响故障的故障点并进行修复。

5. 能遵循国家标准、行业标准及企业技术规程，基本遵守企业质检流程，完成新能源汽车空调系统功能检验，填写任务工单。

新能源汽车空调故障诊断与排除

素养目标

1. 能展示新能源汽车空调工作异响故障诊断与维修方案,工作异响故障诊断和排除的技术要点,总结工作经验,分析不足,提出改进措施。

2. 能对维修场地设备进行日常维护,按"8S"管理规定要求清理现场。

3. 能在作业过程中严格执行企业操作规范、安全生产制度,严格遵守从业人员的职业道德,具有吃苦耐劳、爱岗敬业的工作态度和职业责任感,以及严谨的工作作风和精益求精的工匠精神。

 参考学时

42 学时。

 任务描述

某新能源汽车售后服务企业接收到一辆有故障的新能源汽车,客户反映空调工作异响,初步诊断是车辆空调系统故障,需要对该故障进行诊断与排除。学生要在 2 学时内,运用专用诊断及检测设备,结合故障现象和车辆维修手册的相关指引,检查并确定引起故障现象的原因,并通过线路修复或部件更换的方式使车辆空调系统性能恢复正常。

学生从教师处接受任务安排,通过阅读任务工单,明确任务要求,联系客户或服务顾问(由教师或学生扮演)确认新能源汽车空调工作异响的故障现象;依据国家标准、行业标准、车辆维修手册、车辆用户手册和空调系统电路图制订故障诊断与维修方案;根据故障诊断与维修方案,从工具、材料、设备管理人员(由教师扮演)处准确领取所需工具、材料、设备;遵循企业维修工作规程,查找、确定并修复新能源汽车空调工作异响故障点,检验合格后填写作业检查单,最后交由教师进行验收。

工作过程中,学生应严格遵守国家、行业标准,执行企业操作规程,自觉遵守企业质量、安全、环保及"8S"管理等制度规定。

学习活动 1 电动压缩机工作异响故障诊断与排除

 情景描述

客户进入 4S 店,反映其新能源汽车在开启空调后,发动机舱内的响声比较大,关闭空调响声消失,维修人员根据客户描述进行故障确认,判断为该车电动压缩机有故障,需要对其进行检修。

📖 任务要求 》》》

请你根据任务情景描述,在规定的时间内,分别完成新能源汽车空调电动压缩机工作异响检测的方案编制和具体操作:

1. 列出需要和车主沟通的内容;
2. 完成车辆接车检查,填写好接车检查单;
3. 根据情景描述的故障现象,查阅维修手册等资料,制订详细的新能源汽车空调电动压缩机工作异响的检测方案,并说明理由;
4. 查阅维修手册,对新能源汽车空调电动压缩机构造类型进行判断;
5. 列出在新能源汽车空调电动压缩机工作异响检测过程中需要注意的事项。

📚 任务分组 》》》

全班学生分成5~6个学习小组,每小组4~6人,根据每组人数进行任务分工,部分任务可合并。

班组长(安全管理员、车间主管):任务布置,组员分工,安全督察,质量检验。

操作员(服务顾问、维修技师):接待问诊,基本检查,故障现象确认,检测操作,故障确认。

观察记录员(配件管理员、工具管理员):耗材准备,工具设备准备,维修资料查阅,记录故障现象、检测数据、故障点、故障处理措施等信息。

计划

📚 知识链接 》》》

(一)新能源汽车电动压缩机的作用

电动压缩机是新能源汽车空调系统中的重要组件之一,主要作用是将制冷剂压缩并输送到空调系统中。它是新能源汽车空调系统中制冷循环的核心部件,可以将温度较低、压力较低的气体吸入,通过自身的压缩作用使其温度和压力升高,并将制冷剂输送到冷凝器中。在压缩机的作用下,制冷剂可以快速降低车内温度,从而实现车内舒适度的提高。

新能源汽车空调压缩机通常安装在车辆前部舱室内,由高电压电机驱动压缩机旋转。压缩机是制冷循环系统的动力源,用来驱动制冷剂循环流动,将低温(约0℃)、低压(约150kPa)的气态制冷剂压缩成高温(约65℃)、高压(约1300kPa)的气态制冷剂。变排量压缩机还起着根据热负荷大小调节制冷剂循环的作用。

1. 抽吸作用

压缩机工作时将蒸发器内低温、低压的气态制冷剂抽吸到压缩机气缸中,有了压缩机的抽吸作用,才能使蒸发器内的压力再降低、制冷剂更容易沸腾,蒸发器的温度下降。

2. 压缩作用

压缩机吸入的是低温、低压的制冷剂蒸气,经过压缩机的压缩,低温、低压的制冷剂蒸气将转变为高温、高压的制冷剂蒸气。

3. 循环作用

压缩机将压缩后的高温、高压气态制冷剂排送到冷凝器向外放热,制冷剂在制冷系统中不断循环,压缩机就是制冷剂循环的动力源,因此,压缩机也称空调泵。

(二) 新能源汽车空调电动压缩机的类型

新能源汽车空调压缩机类型按照其驱动方式大致可以分为发动机驱动和变频电动机驱动两种。

(1) 传统发动机驱动的类型。以发动机为主体、电动机为辅的车辆(MidHEV 弱混)使用的是带传动和电动机驱动兼顾的混合驱动压缩机,这种压缩机由发动机和电机混合驱动,并可以在发动机驱动模式和电力驱动模式之间切换,节省汽车能耗。

(2) 单纯使用变频电动机驱动的类型。这是对于以电动机为主体(strong-hevs 强混、EV 电动)的车辆,而使用的电动压缩机。全电动压缩机:仅由电力驱动,按驱动方式又分为独立式和非独立式。

为了提高新能源汽车空调系统的能效比,通常采用新型高效的压缩机(较多采用全封闭电动涡旋式压缩机),它直接由电池提供的直流电源驱动,结构如图 3-1 所示。

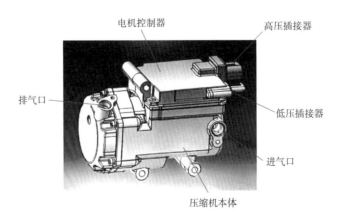

图 3-1 新能源汽车空调压缩机

涡旋式压缩机可以根据车内温度及环境温度等传感器测得的温度,采用适当的控制算法,通过变频器来调节压缩机的转速,改变制冷系统内制冷剂的循环流量,达到车内舒适性的要求。涡旋式压缩机比活塞式压缩机和滚动转子式压缩机适用于更宽的速度范围,是目前新能源汽车空调压缩机选用的主流方案。涡旋式压缩机结构如图3-2所示。

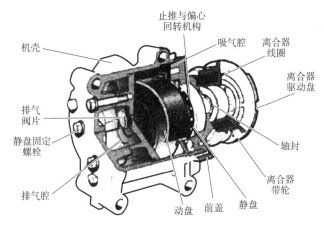

图3-2 涡旋式压缩机结构

(三)新能源汽车空调电动压缩机的工作原理

涡旋式压缩机由动、静涡旋相互啮合而成,其工作原理如图3-3所示。

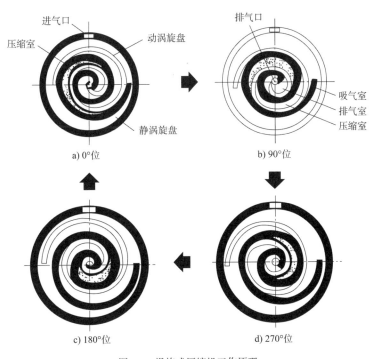

图3-3 涡旋式压缩机工作原理

在吸气、压缩、排气工作过程中,静涡旋盘固定在机架上,动涡旋盘由偏心轴驱动,同时由防自转机构制约,围绕静涡旋盘基圆中心做小半径的平面转动,气体通过空气过滤芯进入静涡旋盘的外围,随着偏心轴旋转,气体在动静涡旋盘齿所组成的数对月牙形压缩腔内被逐步压缩,然后由静涡旋盘部位的轴向孔连续排出。

涡旋式压缩机在主轴旋转一周的时间内,只有进气、压缩、排气三个工作过程是同时进行的,外侧空间与吸气口相通,始终处于吸气过程;内侧空间和排气口相通,始终处于排气过程。而上述两个空间之间的月牙形封闭空间内,一直处于压缩过程,因而可以认为吸气和排气过程都是连续的。

(四)新能源汽车空调电动压缩机工作异响的常见故障

当新能源汽车电动压缩机不正常工作时,会听到电动压缩机发出异响。电动压缩机工作异响的常见故障现象和原因见表3-1。

电动压缩机工作异响常见故障现象和原因　　　　表3-1

故障现象	故障类别	故障原因	检测及排除措施
电动压缩机工作异响	制冷系统故障	系统压差过大使电动机负载过大,导致的过流保护启动	保证冷凝器风机正常工作,待系统压力平衡后再次启动
	控制系统故障	电动机缺相导致的过流保护启动	检查驱动控制器与电动机连接的三相插头及相关导线,保证其接触良好及导通
	压缩机故障	缺少冷冻油	加注冷冻油

任务确认

1. 明确工作任务

认真阅读工作情景描述,用彩笔标记关键词,明确工作任务和工作要求(表3-2)。

工作任务和工作要求　　　　表3-2

工作任务	
工作要求	

2. 接车检查

结合接车检查单记录客户描述的问题,完成随车物品检查、车辆外观检查、车辆内饰检查。

3. 故障现象确认

(1)打开点火开关,观察组合仪表是否有故障灯点亮?

组合仪表故障灯点亮情况:＿＿＿＿＿＿＿＿＿＿＿＿＿＿＿＿＿＿＿＿＿＿。

(2)按下A/C开关,打开鼓风机,观察电动压缩机是否有异响?

进一步确认故障现象为:＿＿＿＿＿＿＿＿＿＿＿＿＿＿＿＿＿＿＿＿＿＿。

4. 接车检查单填写

请根据沟通内容、接车检查以及故障现象,填写接车检查单。

一汽大众某店车辆环检问诊单

是否预约	是□ 否□	车牌号 _____	接车时间: 年 月 日 时 分

基本信息	车主□ 送修人□	姓名		车型		购车日期	
		电话		备用电话		总里程	
		VIN 码				EV 里程	

顾客描述	维　　护:□首次维护　　　□强制维护　　　□一般维护　　　□常规维护 发动机:□难起动　　　　□急速不稳　　　□动力不足　　　□油耗高 　　　　□易熄火　　　　□抖动　　　　　□加速不良 异　　响:□发动机　　　　□底盘　　　　　□行驶　　　　　□变速器 　　　　□制动　　　　　□仪表台　　　　□座椅车门 灯　　亮:□发动机故障灯　□SVS 灯　　　　□ABS 灯　　　　□空气囊灯 　　　　□机油压力报警灯□胎压报警　　　□EPS 灯/REPS 灯门□ESP 灯 　　　　□充电系统灯　　□动力系统故障灯□电机故障灯　　□主警告指示灯 　　　　□动力蓄电池故障灯□发动机冷却液报警灯□电机冷却液报警灯 空　　调:□不制冷　　　　□异响　　　　　□有异味　　　　□出风冷热不均 漏　　水:□冷却液　　　　□车身　　　　　□天窗　　　　　□前挡风　　　□后挡风 漏　　油:□发动机　　　　□变速器　　　　□制动　　　　　□转向 事　　故:□保险事故整形油漆　□局部整形补漆 具体描述(5W2H):

物品确认 (有√无×)	□备胎　□随车工具　□灭火器　□点烟器　□警示牌　□充电线　□其他_____	油量 F E 电量 + - ___%

环车检查	内饰检查□　　　　外观检查□ 检查结果:良好√　　异常×	

服务顾问提醒	1.维修旧件(非索赔件)处理:□顾客要求带走　□顾客选择不带走 2.维修后洗车:　　　　　□洗车　　　　　□不洗车 3.维修后充电:　　　　　□充电　　　　　□不充电　　　□预估充电用时_____ 4.已提醒您将车内贵重物品带离车辆并妥善保管。□已确认 服务顾问 _____　　　顾客签字 _____

服务/技术顾问 初步建议	签名:

维修班组 诊断结果	维修项目	所需备件	备件确认	索赔确认
			□有□无	□是□否
			□有□无	□是□否
			□有□无	□是□否

三 决策

计划步骤

根据新能源汽车空调异响的故障检测标准,编制新能源汽车空调电动压缩机工作异响故障诊断与排除的实施方案。

步骤1:_____
步骤2:_____
步骤3:_____
步骤4:_____
步骤5:_____
步骤6:_____
步骤7:_____
步骤8:_____

人员安排

请小组商量后,决定每个同学的角色及分工(表3-3)。

角色及分工　　　　　　　　　　　表3-3

班级		组号		指导老师	
组长		任务分工			
组员1		任务分工			
组员2		任务分工			
组员3		任务分工			
组员4		任务分工			
组员5		任务分工			
组员6		任务分工			

工具准备

请根据新能源汽车空调电动压缩机异响故障诊断与排除实施步骤,列出所需的工具设备清单(表3-4)。

工具设备清单　　　　　　　　　　　　　　　　　　　　　　　　　　　表 3-4

序号	工具设备名称	单位	数量	备注
1	三件套（车内和车外）	套	2	
2	常用防护装备（手套、护目镜、头盔等）、维修工具（绝缘拆装工具套装）	套	2	
3	实训车辆	台	2	
4	听诊器	个	2	
5	制冷剂加注回收机	个	2	
6	新能源汽车空调诊断仪	个	2	

注意事项

请根据操作条件，列举出操作时的注意事项（表 3-5）。

操作注意事项　　　　　　　　　　　　　　　　　　　　　　　　　　表 3-5

序号	维修工序内容	注意事项
1	查阅维修手册，读取故障信息，制定流程	
2	高压防护安全	
3	异响位置检测	
4	冷冻油加注	
5	元器件、模块检测	
6	元器件、模块更换	
7	复检	

四　实施

（一）判断异响故障位置

对异响故障位置进行判断，并填写表 3-6。

异响故障位置判断　　　　　　　　　　　　　　　　　　　　　　　　表 3-6

序号	维修工序	是否有异响	初步判断故障位置	其他描述
1	未启动 AC 开关			
2	启动 AC 开关			
3	最低温度			
4	最高温度			

（二）加注冷冻油

工具设备准备：制冷剂加注回收机。冷冻油加注操作步骤见表 3-7。

冷冻油加注操作步骤　　　　　　　　　　　表 3-7

操作步骤	示范图例
（1）车辆准备。正确放置车轮挡块、安装车内三件套，检查驻车制动挡位（应处于 P 挡），准备任务工具	
（2）连接制冷剂加注回收机。将制冷剂加注回收机与车辆空调管路连接。 注意：高低压管的颜色与车辆高低压接口的颜色应对应	
（3）开机，回收制冷剂，分离冷冻油。执行学习任务一中学习活动 2 的制冷剂回收操作。制冷剂回收完成后将显示准备排油界面	
（4）查看排油瓶内油量。排油瓶表面有刻度，查看排油瓶内的废油液面并记录。 废油液面：＿＿＿＿＿＿＿	
（5）排废油。点击确定按钮，仪器进行废油排放	

续上表

操作步骤	示范图例
（6）计算排油量。排油结束，仪器自动停止，关闭控制面板上的阀门。等待一段时间，废油无气泡后，查看排油瓶废油液面并记录，计算出排出的冷冻油量（废油）。 排出废油量：_____	回收后的废油液面
（7）选择冷冻油。查阅维修手册或在压缩机的标牌上查找系统冷冻油的型号，选择与系统同一型号的冷冻油。 冷冻油型号：_____	
（8）将适量的冷冻油加入注油瓶内。 注意：冷冻油尽量用小瓶，大瓶的用后应及时密闭，不应长时间将冷冻油暴露在空气中而导致被空气氧化	
（9）安装注油瓶。 注意：必须拧紧，防止空气进入	
（10）进入注油程序。执行抽真空、保压操作后，准备进行注油操作，按确认键加注冷冻油	
（11）阀门控制。采用单管加注，关闭低压阀（防止冷冻油进入压缩机），打开高压阀	

续上表

操作步骤	示范图例
（12）加注。在加注过程中，必须一直观察注油瓶内的液面，达到补充量后及时按确认键，暂停加注冷冻油，确认加注达到要求后，按取消键结束加注冷冻油。建议补充量为：排出量＋20mL。 冷冻油加注量：_____	
（13）制冷剂加注。执行学习任务一中学习活动2的制冷剂加注操作，按新能源汽车空调系统标牌规定加注制冷剂	
（14）拆卸仪器，恢复车辆、仪器设备、工具，完成清洁。起动车辆，检查异响是否解决	

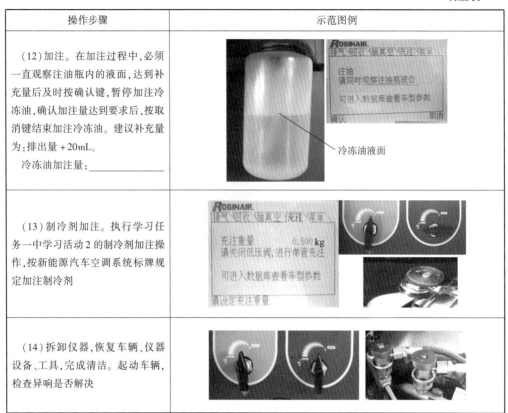

五 检查

结合本学习活动操作过程，对任务执行过程中的操作规范性进行检查，总结规范的操作方法，并将检查结果填写在表3-8中。

检查结果　　　　　　　　　　　　　　　　　　　表3-8

项目	结果
是否正确使用诊断仪读取新能源汽车空调暖风系统故障码、数据流	是□　否□
是否正确检测压缩机工作异响位置	是□　否□
是否正确使用制冷剂加注回收机回收、加注制冷剂	是□　否□
是否正确使用制冷剂加注回收机加注冷冻油	是□　否□
是否正确检测压缩机模块	是□　否□
是否正确修复故障点	是□　否□
是否正确使用诊断仪清除故障码	是□　否□
工具、现场整理是否到位	是□　否□

六、评估

活动总结

根据工作过程撰写新能源汽车空调电动压缩机工作异响检测技术总结(表3-9)。

技术总结　　　　　　　　　　　　　　　　　　　　　表3-9

_____技术总结

一、故障现象确认

二、故障原因分析

三、故障检查过程
1. 使用故障诊断仪读取故障码、数据流

故障码	
数据流	

2. 故障检测步骤

检测对象	检测条件	检测值	标准值	结果判断

3. 故障确认

故障点	故障类型	维修措施

4. 竣工检验
新能源汽车空调电动压缩机工作异响是否排除：是□　否□

四、总结新能源汽车空调电动压缩机工作异响故障诊断与排除注意事项

五、经验和不足

新能源汽车空调故障诊断与排除

活动评价

根据表3-10对学习过程进行自评、互评、教师评价。

学习过程评价表　　　　　　　　　　　　　　　　　　　表3-10

新能源汽车空调电动压缩机工作异响故障诊断与排除			实习日期：		
姓名：	班级：		学号：		教师签名：
自评：□熟练　□不熟练 日期：	互评：□熟练　□不熟练 日期：		师评：□合格　□不合格 日期：		
新能源汽车空调电动压缩机工作异响故障诊断与排除【评分细则】					
序号	评分项	得分条件	分值(分)	评分要求	自评	互评	师评

序号	评分项	得分条件	分值(分)	评分要求	自评	互评	师评
1	安全/"8S"/态度	□(1)能进行工位"8S"操作； □(2)能进行设备和工具安全检查； □(3)能进行车辆安全防护操作； □(4)能进行工具清洁、校准、存放操作； □(5)能进行三不落地操作	15	未完成1项扣3分，扣完为止	□熟练 □不熟练	□熟练 □不熟练	□合格 □不合格
2	专业技能能力	□(1)能正确使用检测设备； □(2)能规范完成故障检测； □(3)能规范完成故障检修	30	未完成1项扣10分，扣完为止	□熟练 □不熟练	□熟练 □不熟练	□合格 □不合格
3	工具及设备使用能力	□能正确使用万用表、诊断仪、加注机等维修工具和设备	10	未完成1项扣3分，扣完为止	□熟练 □不熟练	□熟练 □不熟练	□合格 □不合格
4	资料、信息查询能力	□(1)能正确使用维修手册查询资料； □(2)能正确记录所需维修信息	10	未完成1项扣3分，扣完为止	□熟练 □不熟练	□熟练 □不熟练	□合格 □不合格
5	数据判断和分析能力	□(1)能判断新能源汽车空调冷冻油量及效果； □(2)能分析测量结果数据	25	分析错误1项扣5分，扣完为止	□熟练 □不熟练	□熟练 □不熟练	□合格 □不合格
6	表单填写和报告撰写能力	□(1)字迹清晰； □(2)语句通顺； □(3)无错别字； □(4)无涂改； □(5)无抄袭	10	未完成1项扣1分，扣完为止	□熟练 □不熟练	□熟练 □不熟练	□合格 □不合格
总分：							

学习活动 2　鼓风机工作异响故障诊断与排除

一　资讯

情景描述 >>>

客户进入 4S 店，反映其比亚迪 E5 新能源汽车在打开空调后在驾驶室内听到"嗡嗡"声，而且出风量很小。经初步检查，诊断为空调系统鼓风机工作异响，需要对其进行检修。

任务要求 >>>

请你根据任务情景描述，在规定的时间内，分别完成鼓风机工作异响故障诊断与排除的方案编制和具体操作：

1. 列出需要和车主沟通的内容；
2. 完成车辆接车检查，填写好接车检查单；
3. 查阅该车型的维修手册，查看新能源汽车空调系统工作情况；
4. 根据情景描述的故障现象，查阅维修手册等资料，制订详细的新能源汽车空调鼓风机工作异响故障诊断与排除的解决方案，并全面而细致地说明采取此方案的理由；
5. 查阅维修手册，对新能源汽车空调系统工况进行基本检查，按车型要求正确操作检验鼓风机工作情况；
6. 列出在新能源汽车空调鼓风机工作异响故障诊断与排除过程中需要注意的事项。

任务分组 >>>

全班学生分成 5~6 个学习小组，每小组 4~6 人，根据每组人数进行任务分工，部分任务可合并。

班组长（安全管理员、车间主管）：任务布置，组员分工，安全督察，质量检验。

操作员（服务顾问、维修技师）：接待问诊，基本检查，故障现象确认，检测操作，故障确认。

观察记录员（配件管理员、工具管理员）：耗材准备，工具设备准备，维修资料查阅，记录故障现象、检测数据、故障点、故障处理措施等信息。

 计划

鼓风机 3D
结构展示

 知识链接

（一）鼓风机的分类

汽车空调制冷系统采用的鼓风机按气体流向与风机主轴的相互关系，可分为离心式风机和轴流式风机两种。

1. 离心式风机

离心式风机的空气流向与风机主轴成直角，特点是风压高、风量小、噪声小。风压高可将冷空气吹到车室内每个乘员身上，使乘员有冷风感；噪声小能提高乘员舒适度，防止过早疲劳。新能源汽车空调系统鼓风机常采用离心式风机。

离心式风机主要由电机、风机轴（与电机同轴）、风机叶片、风机壳体等组成，如图 3-4 所示。风机叶片有直叶片、前弯片、后弯片等形状，随叶轮叶片形状不同，所产生的风量和风压也不同。

2. 轴流式风机

轴流式风机的空气流向与风机主轴平行，特点是风量大、风压小、耗电省、噪声大。冷凝器通常采用这种风机，因为风量大可将冷凝器四周的热空气全部吹走；风压小不影响冷凝器正常工作；另外，冷凝器安装在车室外面，风机噪声大也不影响到车内。

轴流式风机主要由电机、风机轴、风机叶片、键等组成，如图 3-5 所示。叶片固定在骨架上，叶片常做成 3、4、5 片不等，叶片骨架穿在风机轴上，由键带动旋转。

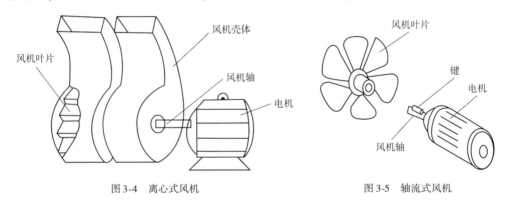

图 3-4　离心式风机　　　　　　图 3-5　轴流式风机

（二）鼓风机工作原理

新能源汽车空调鼓风机是通过叶轮的旋转，将车内或者车外的空气吸入鼓风机，并在离心力的作用下，进入空调箱内，然后通过导风板将加速后的空气送到蒸发器进

行热交换,最后将冷却的空气送回车内,如图3-6所示。通过改变鼓风机输入电压的方式,来改变鼓风机转速,从而改变风量的大小。鼓风机还需要确保空气的流量和方向符合空调系统的要求,以满足车内人员的舒适需求。

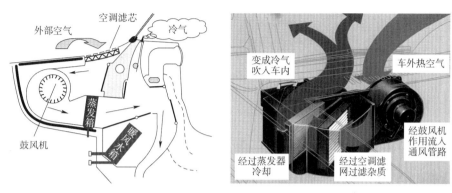

图3-6 鼓风机工作原理

(三) 鼓风机工作异响的常见故障

鼓风机工作异响常见故障类别和原因见表3-11。

表3-11 鼓风机工作异响常见故障类别和原因

故障现象	故障类别	故障原因	检测及排除措施
鼓风机工作异响	空调滤芯故障	空调滤芯过脏,导致空气流通性差	检查空调滤芯,根据空调滤芯状况清洁或者更换空调滤芯
	鼓风机及其附件故障	鼓风机扇叶内有异物,导致鼓风机转动时产生异响	拆卸并检查鼓风机扇叶内是否有异物,清洁鼓风机扇叶
		鼓风机扇叶变形、脱落等损坏	拆卸并检查鼓风机扇叶,更换鼓风机扇叶
		鼓风机及其附件松动	检查鼓风机及附件(包括插接器和导线)安装情况,根据实际情况进行相应紧固
		鼓风机外壳损坏	拆卸并检测鼓风机是否有破损,更换鼓风机外壳或总成
		电机损坏或轴承磨损	拆卸鼓风机电机,检查是否有磨损或松动,根据情况润滑或者更换鼓风机电机

任务确认

1. 明确工作任务

认真阅读工作情景描述,用彩笔标记关键词,明确工作任务和工作要求(表3-12)。

工作任务和工作要求　　　　　　　　　　　　　　　　　表3-12

工作任务	
工作要求	

2. 接车检查

结合接车检查单记录客户描述的问题,完成随车物品检查、车辆外观检查、车辆内饰检查。

3. 故障现象确认

(1)打开点火开关,观察组合仪表是否有故障灯点亮?

组合仪表故障灯点亮情况:_____。

(2)按下 A/C 开关,打开鼓风机,观察鼓风机是否有异响?

进一步确认故障现象为:_____。

4. 接车检查单填写

请根据沟通内容、接车检查以及故障现象,填写接车检查单。

○车主　　○送修人　　服务顾问:　　　　　接车时间:　　年　　月　　日　　时　　分

基本信息

姓　名:

电　话:

车牌号:

总里程(km):

EV里程(km):

油量表:

客户需求

○首次维护　　○常规维护　　○美容装潢

○一般维修　　○检查检修　　○事故维修

需求描述:

○洗车　　○健诊服务

温馨提醒：请您将车内贵重物品带离车辆并妥善保管。

客户确认签字：

三  决策

计划步骤 >>>

根据新能源汽车空调鼓风机工作异响故障现象，编制新能源汽车空调鼓风机工作异响故障诊断与排除的实施方案。

步骤1：_____
步骤2：_____
步骤3：_____
步骤4：_____
步骤5：_____
步骤6：_____
步骤7：_____
步骤8：_____

人员安排 >>>

请小组商量后，决定每个同学的角色及分工（表3-13）。

新能源汽车空调故障诊断与排除

角色及分工　　　　　　　　　　　　　　表 3-13

班级		组号		指导老师	
组长		任务分工			
组员 1		任务分工			
组员 2		任务分工			
组员 3		任务分工			
组员 4		任务分工			
组员 5		任务分工			
组员 6		任务分工			

工具准备

请根据新能源汽车空调鼓风机工作异响故障诊断与排除实施步骤,列出所需的工具设备及材料清单(表 3-14)。

工具设备及材料清单　　　　　　　　　　表 3-14

序号	工具设备及材料名称	单位	数量	备注
1	三件套(车内和车外)	套	2	
2	常用防护装备(手套、护目镜、头盔等)、维修工具(绝缘拆装工具套装)	套	2	
3	实训车辆	台	2	
4	空调滤芯	个	2	

注意事项

请根据操作条件,列举出操作时的注意事项(表 3-15)。

操作注意事项　　　　　　　　　　　　　表 3-15

序号	维修工序内容	注意事项
1	查阅维修手册和仪器使用说明书	
2	新能源汽车空调鼓风机工作异响检测	
3	空调滤芯拆检	
4	新能源汽车空调鼓风机拆检	
5	复检	

四、实施

鼓风机工作异响检修操作步骤见表 3-16。

新能源汽车空调工作异响故障诊断与排除 | **学习任务三**

鼓风机工作异响检修操作步骤　　　　　　　　　　　表 3-16

操作步骤	示范图例
(1)车辆准备。正确放置车轮挡块、安装车内三件套,检查驻车制动挡位(应处于 P 挡),准备任务工具	
(2)起动车辆,按从低到高依次打开空调鼓风机挡位,仔细听手套箱处发出的响声。此声响是否跟随挡位增加而增大? 记录:＿＿＿＿＿＿＿(是/否)	
(3)关闭点火开关,断开蓄电池负极,并对极柱做好防护	
(4)拆卸手套箱	

117

续上表

操作步骤	示范图例
（5）断开鼓风机电源插接器	
（6）拆卸鼓风机固定螺栓，并取出鼓风机	
（7）观察鼓风机叶轮内是否有异物。 记录：_____（是/否）	
（8）检查鼓风机叶轮是否有损坏，如有损坏则需要更换。 记录：_____（是/否）	
（9）检查轴承是否松动，旋转是否顺畅，如有异常则需要更换。 记录：_____（是/否）	

续上表

操作步骤	示范图例
（10）正确安装鼓风机，并连接鼓风机线束。正确安装蓄电池负极，启动鼓风机，并检查故障是否排除，如果排除则进行下一步操作	—
（11）安装手套箱，恢复车辆及场地	—

五、检查

结合本学习活动操作过程，对任务执行过程中的操作规范性进行检查，总结规范的操作方法，并将检查结果填写在表3-17中。

检查结果　　　　　　　　　　　　　　　　　　　　　表3-17

项目	结果
是否正确使用诊断仪读取新能源汽车空调暖风系统故障码、数据流	是□　否□
是否正确拆卸新能源汽车空调鼓风机	是□　否□
是否正确拆装及检查空调滤芯	是□　否□
是否正确安装鼓风机	是□　否□
是否正确修复故障点	是□　否□
是否正确使用诊断仪清除故障码	是□　否□
工具、现场整理是否到位	是□　否□

六、评估

活动总结

根据工作过程撰写鼓风机工作异响故障诊断与排除技术总结（表3-18）。

技术总结　　　　　　　　　　　　　　　　　　　　　表3-18

_____技术总结
一、故障现象确认

续上表

二、新能源汽车空调鼓风机工作异响检测

项目	有无异常	情况描述
鼓风机各挡位工作情况	有□ 无□	
空调滤芯	有□ 无□	
鼓风机安装情况	有□ 无□	
鼓风机损坏情况	有□ 无□	

三、新能源汽车空调鼓风机拆装

序号	项目	作业注意事项记录	
1	预拆工作		
2	拆卸过程		
3	检查作业	扇叶检查：	
		鼓风机检查：	
4	安装过程		

四、总结新能源汽车空调鼓风机工作异响故障检测注意事项

五、经验和不足

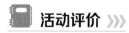

活动评价

根据表3-19对学习过程进行自评、互评、教师评价。

学习过程评价表　　　　　　　　　　　　　　　　　　　　　　　表3-19

新能源汽车空调鼓风机工作异响故障诊断与排除			实习日期：	
姓名：	班级：		学号：	教师签名：
自评：□熟练　□不熟练	互评：□熟练　□不熟练		师评：□合格　□不合格	
日期：	日期：		日期：	
新能源汽车空调鼓风机工作异响故障诊断与排除【评分细则】				

序号	评分项	得分条件	分值（分）	评分要求	自评	互评	师评
1	安全/"8S"/态度	□(1)能进行工位"8S"操作； □(2)能进行设备和工具安全检查； □(3)能进行车辆安全防护操作； □(4)能进行工具清洁、校准、存放操作； □(5)能进行三不落地操作	15	未完成1项扣3分，扣完为止	□熟练 □不熟练	□熟练 □不熟练	□合格 □不合格
2	专业技能能力	□(1)能正确检测新能源汽车空调鼓风机工作情况； □(2)能规范完成空调滤芯拆装、检测； □(3)能规范完成鼓风机拆装、检测	30	未完成1项扣10分，扣完为止	□熟练 □不熟练	□熟练 □不熟练	□合格 □不合格
3	工具及设备使用能力	□能正确使用高压空气设备进行清洁	10	未完成1项扣3分，扣完为止	□熟练 □不熟练	□熟练 □不熟练	□合格 □不合格
4	资料、信息查询能力	□(1)能正确使用维修手册查询资料； □(2)能正确记录所需数据	10	未完成1项扣3分，扣完为止	□熟练 □不熟练	□熟练 □不熟练	□合格 □不合格
5	数据判断和分析能力	□(1)能判断新能源汽车空调鼓风机工作异响； □(2)能分析测量结果	25	分析错误1项扣5分，扣完为止	□熟练 □不熟练	□熟练 □不熟练	□合格 □不合格
6	表单填写和报告撰写能力	□(1)字迹清晰； □(2)语句通顺； □(3)无错别字； □(4)无涂改； □(5)无抄袭	10	未完成1项扣1分，扣完为止	□熟练 □不熟练	□熟练 □不熟练	□合格 □不合格
总分：							

学习活动3　空调风道异响故障诊断与排除

一、资讯

情景描述

客户进入4S店,反映其大众ID4新能源汽车在打开空调后空调可以正常使用,但是车内有响声。经初步检查,诊断为空调系统风道产生的异响,需要对其进行检修。

任务要求

请你根据任务情景描述,在规定的时间内,分别完成空调风道异响故障诊断与排除的方案编制和具体操作:

1. 列出需要和车主沟通的内容;
2. 完成车辆接车检查,填写好接车检查单;
3. 查阅该车型的维修手册,查看新能源汽车空调维修手册图,列出可能产生的故障原因,并说明理由;
4. 根据情景描述的故障现象,查阅维修手册等资料,制订详细的新能源汽车空调风道异响故障诊断与排除的解决方案,并全面而细致地说明采取此方案的理由;
5. 查阅维修手册,对新能源汽车空调风道异响故障进行诊断与排除;
6. 列出在新能源汽车空调风道异响故障诊断与排除过程中需要注意的事项。

任务分组

全班学生分成5~6个学习小组,每小组4~6人,根据每组人数进行任务分工,部分任务可合并。

班组长(安全管理员、车间主管):任务布置,组员分工,安全督察,质量检验。

操作员(服务顾问、维修技师):接待问诊,基本检查,故障现象确认,检测操作,故障确认。

观察记录员(配件管理员、工具管理员):耗材准备,工具设备准备,维修资料查阅,记录故障现象、检测数据、故障点、故障处理措施等信息。

二、计划

知识链接

（一）新能源汽车空调风道系统的组成

新能源汽车空调通风系统用于将车外的新鲜空气引进车内,并通过净化装置对空气进行清洁,以提高车内空气的清新度,达到通风、换气的目的。新能源汽车空调通风系统由鼓风机、滤清器、风门及风道等组成。空气流经一条曲折的通道,从进风口流动到出风口,然后被分配到整个车厢内,空气流动线路如图3-7所示。

图3-7 空气流动线路

新能源汽车空调风道是空调系统中的重要组成部分,主要承担着将冷空气或热空气输送到车内各个角落的任务,进风口和出风口的布置如图3-8所示。它的设计需要满足多种要求,包括确保气流顺畅、减少噪声、提高冷却或加热效率等。

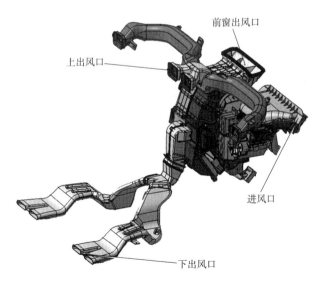

图3-8 新能源汽车空调风道

在设计新能源汽车空调风道时,需要考虑到许多因素,如风道的走向、截面形状、风速、风量等。这些因素都会影响到空调系统的性能和效率。同时,还需要考虑新能源汽车内部的结构和布局,以及与其他部件的协调性。

新能源汽车空调风道通常由金属或塑料制成,其形状和尺寸需要根据具体的车型和空调系统进行定制。在制造过程中,需要保证风道的强度和刚度,同时也要考虑制造工艺和成本。

新能源汽车空调的风道主要分为三部分:

(1)空气进入段。该部分主要由用来控制新鲜空气和室内循环空气的切换风门、鼓风机和空调滤网等组成,如图3-9所示。

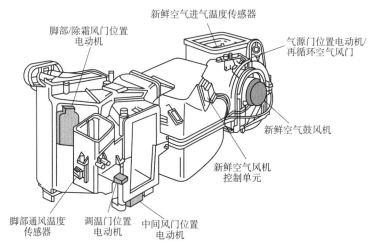

图3-9 空气进入段

(2)空气混合段。该部分主要由蒸发器、空气混合风门和热交换器等组成,如图3-10所示。

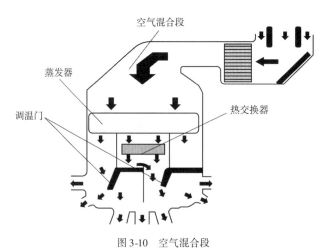

图3-10 空气混合段

(3)空气分配段。该部分主要由模式切换风门和各支路风道组成,如图3-11所示。

此外,通风系统由热交换器、鼓风机、温度控制门、除霜门等组成,可以起到通风和换气的作用,同时,通风对防止风窗起雾也起到良好的作用,如图3-12所示。

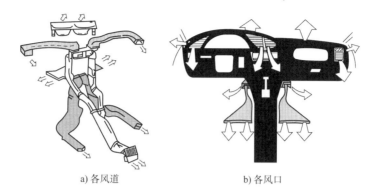

a) 各风道   b) 各风口

图3-11 空气分配段

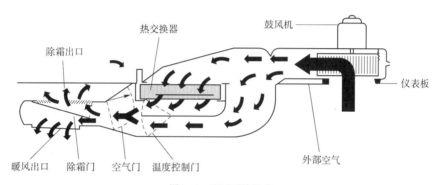

图3-12 通风系统组成

(二)新能源汽车空调风道系统的作用及类型

新能源汽车空调风道的作用是将冷气或热气输送到车内各个角落,保证车内空气流通,提高乘客的舒适度。风道是空调系统的重要组成部分,其设计合理性和制造质量直接影响到空调系统的性能和效率。

新能源汽车空调风道可以分为两类:一类是送风道,负责将冷气或热气送到车内的各个部位。送风道的设计需要考虑如何将冷气或热气均匀地送到车内各个角落,同时避免气流死角和过大的风速。另一类是回风道,负责将车内的空气吸入空调系统,进行循环。回风道的设计需要考虑如何有效地将车内的空气吸入空调系统,同时防止外部污染物进入车内。

新能源汽车空调风道的组成类型可以根据不同的分类方式来划分。按照风道的结构和工作原理,新能源汽车空调风道可以分为以下几种类型:

(1)自然通风风道:利用车辆行驶时的外部气流来自然通风的风道。这种风道的结构简单,但通风效果一般,通常适用于小型车辆。

(2)机械通风风道:通过机械驱动的风机来强制通风的风道。这种风道的通风效果较好,但需要消耗一定的能量,通常适用于大型车辆或需要更高通风效果的车辆。

新能源汽车空调故障诊断与排除

(3) 空气流通风道:利用车辆内部的空气流通来散热的风道。这种风道的结构简单,通风效果较好,但需要配合其他散热方式使用,通常适用于小型车辆。

(4) 热管风道:利用热管原理来散热的风道。这种风道的散热效果非常好,但结构复杂,成本较高,通常适用于高性能车辆或竞赛车辆。

(三) 新能源汽车空调风道异响的常见故障

空调风道异响常见故障现象及原因见表3-20。

空调风道异响常见故障现象及原因　　　　表3-20

故障现象	故障原因	检测及排除措施
管路堵塞	空调系统中的管路堵塞,导致内部气体无法正常运转而产生异响	清洁空调管道,疏通堵塞位置
风道内有异物	空调风道出现异物,在送风过程中会产生异响	检查找到异物所在位置,取出异物
部件松动或脱落	空调系统部件松动或脱落,会造成空调工作时有震动异响	紧固松动位置,固定好脱落的连接部件
部件损坏	如风门电机损坏、膨胀水箱透风等也可能导致异响	更换损坏部件

新能源汽车空调风道异响的原因可能有多种,需要针对具体情况进行分析和解决。在选择解决方法时,可以考虑以下几个方面:

(1) 确定异响来源:首先需要确定异响的来源,是来自空调风道还是其他部件。可以通过听声音、观察异响出现的情况等方式来确定。

(2) 清理和维护:如果异响是由于空调风道内存在异物或积灰所致,可以进行清理和维护。可以拆下风道进行清理,或者使用空调清洗剂进行清洁。

(3) 检查紧固件:检查风道和空调系统的紧固件,如螺丝、螺栓等,是否松动或脱落。如果是,需要重新拧紧或固定。

(4) 更换部件:如果异响是由于部件损坏所致,如风门电机、轴承等,需要更换相应的部件。

任务确认

1. 明确工作任务

认真阅读工作情景描述,用彩笔标记关键词,明确工作任务和工作要求(表3-21)。

工作任务和工作要求　　　　表3-21

工作任务	
工作要求	

新能源汽车空调工作异响故障诊断与排除 | 学习任务三

2. 接车检查

结合接车检查单记录客户描述的问题,完成随车物品检查、车辆外观检查、车辆内饰检查。

3. 故障现象确认

(1)打开点火开关,观察组合仪表是否有故障灯点亮?

组合仪表故障灯点亮情况:_____。

(2)按下 A/C 开关,打开鼓风机,观察空调风道是否有异响?

进一步确认故障现象为:_____。

4. 接车检查单填写

请根据沟通内容、接车检查以及故障现象,填写接车检查单。

一汽大众某店车辆环检问诊单

是否预约　　是□　　否□　　车牌号_____　　接车时间:　年　月　日　时　分

基本信息	车主□　送修人□		姓名		车型		购车日期	
			电话		备用电话		总里程	
			VIN 码				EV 里程	
顾客描述	维　　护:	□首次维护	□强制维护	□一般维护	□常规维护
	发动机:	□难起动	□急速不稳	□动力不足	□油耗高
		□易熄火	□抖动	□加速不良	
	异　　响:	□发动机	□底盘	□行驶	□变速器
		□制动	□仪表台	□座椅车门	
	灯　　亮:	□发动机故障灯	□SVS 灯	□ABS 灯	□空气囊灯
		□机油压力报警灯	□胎压报警	□EPS 灯/REPS 灯门	□ESP 灯
		□充电系统灯	□动力系统故障灯	□电机故障灯	□主警告指示灯
		□动力蓄电池故障灯	□发动机冷却液报警灯	□电机冷却液报警灯	
	空　　调:	□不制冷	□异响	□有异味	□出风冷热不均
	漏　　水:	□冷却液	□车身	□天窗	□前挡风	□后挡风
	漏　　油:	□发动机	□变速器	□制动	□转向
	事　　故:	□保险事故整形油漆	□局部整形补漆		
	具体描述(5W2H):				
物品确认 (有√无×)	□备胎　□随车工具　□灭火器　□点烟器　□警示牌　□充电线　□其他_____						油量 F E	
环车检查	内饰检查□　　　　　　外观检查□ 检查结果:良好√　异常×						电量 ___%	

续上表

服务顾问提醒	1. 维修旧件(非索赔件)处理：□顾客要求带走　□顾客选择不带走 2. 维修后洗车：　　□洗车　　　　□不洗车 3. 维修后充电：　　□充电　　　　□不充电　　□预估充电用时＿＿＿＿ 4. 已提醒您将车内贵重物品带离车辆并妥善保管。□已确认			
	服务顾问		顾客签字	
服务/技术顾问 初步建议			签名：	
维修班组 诊断结果	维修项目	所需备件	备件确认	索赔确认
			□有□无	□是□否
			□有□无	□是□否
			□有□无	□是□否

三　决策

诊断步骤 >>>

通过查阅车辆维修手册，结合故障分析，编制新能源汽车空调风道异响故障诊断与排除的实施方案。

步骤1：＿＿＿＿＿＿＿＿＿＿＿＿＿＿＿＿＿＿＿＿＿＿＿＿＿＿＿＿＿＿＿＿＿
步骤2：＿＿＿＿＿＿＿＿＿＿＿＿＿＿＿＿＿＿＿＿＿＿＿＿＿＿＿＿＿＿＿＿＿
步骤3：＿＿＿＿＿＿＿＿＿＿＿＿＿＿＿＿＿＿＿＿＿＿＿＿＿＿＿＿＿＿＿＿＿
步骤4：＿＿＿＿＿＿＿＿＿＿＿＿＿＿＿＿＿＿＿＿＿＿＿＿＿＿＿＿＿＿＿＿＿
步骤5：＿＿＿＿＿＿＿＿＿＿＿＿＿＿＿＿＿＿＿＿＿＿＿＿＿＿＿＿＿＿＿＿＿
步骤6：＿＿＿＿＿＿＿＿＿＿＿＿＿＿＿＿＿＿＿＿＿＿＿＿＿＿＿＿＿＿＿＿＿
步骤7：＿＿＿＿＿＿＿＿＿＿＿＿＿＿＿＿＿＿＿＿＿＿＿＿＿＿＿＿＿＿＿＿＿
步骤8：＿＿＿＿＿＿＿＿＿＿＿＿＿＿＿＿＿＿＿＿＿＿＿＿＿＿＿＿＿＿＿＿＿

人员安排 >>>

请小组商量后，决定每个同学的角色及分工(表3-22)。

角色及分工　　　　　　　　　　　　　　　　　表3-22

班级		组号		指导老师	
组长		任务分工			
组员1		任务分工			
组员2		任务分工			

续上表

组员3		任务分工	
组员4		任务分工	
组员5		任务分工	
组员6		任务分工	

工具准备

请根据新能源汽车空调风道异响故障诊断与排除实施步骤,列出所需的工具设备清单(表3-23)。

工具设备清单　　　　　　　　　　　　表3-23

序号	工具设备名称	单位	数量	备注
1	三件套(车内和车外)	套	2	
2	常用防护装备(手套、护目镜、头盔等)、维修工具(绝缘拆装工具套装)	套	2	
3	实训车辆	台	2	
4	万用表、示波器、诊断仪(与车型匹配)	个	2	

注意事项

请根据操作条件,列举出操作时的注意事项(表3-24)。

操作注意事项　　　　　　　　　　　　表3-24

序号	维修工序内容	注意事项
1	查阅维修手册,读取故障信息,制定流程	
2	检查空调通风系统外观	
3	打开空调判断故障	
4	拆卸空调风道部件	
5	安装空调风道部件	
6	复检	

四、实施

空调风道异响检修操作步骤见表3-25。

空调风道异响检修操作步骤　　　　　表 3-25

操作步骤	示范图例
(1)车辆准备。正确放置车轮挡块、安装车内三件套,检查驻车制动挡位(应处于P挡),准备任务工具	
(2)穿戴高电压安全防护装备。涉及拆卸、检查高电压部件和线束时,需检查并穿戴安全帽、护目镜、绝缘手套、绝缘鞋	安全帽、护目镜、绝缘手套、绝缘鞋；操作人员
(3)起动车辆,打开空调鼓风机,调节出风口风向位置	
(4)双人配合,一人在车内依次调节出风口位置,另一人寻找异响产生位置。经确认为风箱处产生异响	

续上表

操作步骤	示范图例
（5）关闭点火开关，断开蓄电池负极，并作极柱防护	
（6）断开维修开关，下电等待5min	
（7）拆卸风箱周围低压连接线束	
（8）拆卸风箱周围高压连接线束	

续上表

操作步骤	示范图例
(9)拆卸风箱紧固螺丝	
(10)正确取出风箱	
(11)拆卸防尘罩	

续上表

操作步骤	示范图例
（12）检查内外循环翻板电机齿轮组有滑齿现象，怀疑故障为电机总成损坏	
（13）拆卸翻板电机，检查翻板驱动机构，是否有损伤。 记录：＿＿＿＿＿＿（是/否）	
（14）检查翻板电机，是否损坏。 记录：＿＿＿＿＿＿（是/否）	
（15）若电机有损坏，则更换新的翻板电机，并接电检验，异响消失	

续上表

操作步骤	示范图例
（16）按照正确的安装顺序装复风箱及相关线束	
（17）作业完成后，打开鼓风机并检验维修结果，并按照规范恢复工位	—

五、检查

结合本学习活动操作过程，对任务执行过程中的操作规范性进行检查，总结规范的操作方法，并将检查结果填写在表3-26中。

检查结果　　　　　　　　　　　　　　　表3-26

项目	结果
是否正确使用诊断仪读取新能源汽车空调系统故障码、数据流	是□　否□
是否规范拆装空调系统风道部件	是□　否□
是否正确修复故障点	是□　否□
是否正确使用诊断仪清除故障码	是□　否□
工具、现场整理是否到位	是□　否□

六、评估

 活动总结 >>>

根据工作过程撰写新能源汽车空调风道异响故障诊断与排除技术总结（表3-27）。

技术总结　　　　　　　　　　　　　　　表3-27

＿＿＿＿＿＿＿＿＿＿＿技术总结
一、故障现象确认

续上表

| 二、故障原因分析 |

三、故障检查过程

1. 使用故障诊断仪读取故障码、数据流

故障码	
数据流	

2. 故障检测步骤

检测对象	检测条件	检测值	标准值	结果判断

3. 故障确认

故障点	故障类型	维修措施

4. 竣工检验

新能源汽车空调系统正常工作:是□　否□

新能源汽车空调风道正常工作:是□　否□

新能源汽车空调风道异响是否解决:是□　否□

四、总结新能源汽车空调风道异响故障诊断与排除注意事项

五、经验和不足

新能源汽车空调故障诊断与排除

活动评价

根据表3-28对学习过程进行自评、互评、教师评价。

学习过程评价表　　　　　　　　　　　　　　　　　表3-28

新能源汽车空调风道异响故障诊断与排除			实习日期:	
姓名:	班级:		学号:	教师签名:
自评:□熟练　□不熟练	互评:□熟练　□不熟练		师评:□合格　□不合格	
日期:	日期:		日期:	
新能源汽车空调风道异响故障诊断与排除【评分细则】							
序号	评分项	得分条件	分值(分)	评分要求	自评	互评	师评
1	安全/"8S"/态度	□(1)能进行工位"8S"操作; □(2)能进行设备和工具安全检查; □(3)能进行车辆安全防护操作; □(4)能进行工具清洁、校准、存放操作; □(5)能进行三不落地操作	15	未完成1项扣3分,扣完为止	□熟练 □不熟练	□熟练 □不熟练	□合格 □不合格
2	专业技能能力	□(1)能正确使用检测设备; □(2)能规范拆装空调风道部件; □(3)能规范检测空调风道部件功能	30	未完成1项扣10分,扣完为止	□熟练 □不熟练	□熟练 □不熟练	□合格 □不合格
3	工具及设备使用能力	□能正确使用万用表、诊断仪、示波器等维修工具和设备	10	未完成1项扣3分,扣完为止	□熟练 □不熟练	□熟练 □不熟练	□合格 □不合格
4	资料、信息查询能力	□(1)能正确使用维修手册查询资料; □(2)能正确记录所需维修信息	10	未完成1项扣3分,扣完为止	□熟练 □不熟练	□熟练 □不熟练	□合格 □不合格
5	数据判断和分析能力	□(1)能判断新能源汽车空调风道异响位置; □(2)能判断新能源汽车空调风道相关元器件好坏	25	分析错误1项扣5分,扣完为止	□熟练 □不熟练	□熟练 □不熟练	□合格 □不合格
6	表单填写和报告撰写能力	□(1)字迹清晰; □(2)语句通顺; □(3)无错别字; □(4)无涂改; □(5)无抄袭	10	未完成1项扣1分,扣完为止	□熟练 □不熟练	□熟练 □不熟练	□合格 □不合格
总分:							

习题

1. 单选题

(1) 对制冷系统冷冻润滑油性能要求说法不正确的是( )。
　　A. 冷冻润滑油的凝固点要低,在低温下具有良好的流动性
　　B. 冷冻润滑油应无水分
　　C. 冷冻润滑油的挥发性要好
　　D. 冷冻润滑油的化学性质要稳定

(2) 对冷冻润滑油使用时注意事项说法不正确的是( )。
　　A. 不能使用变质浑浊的润滑油,否则会影响压缩机的正常运转
　　B. 冷冻润滑油易吸水,用后应马上将盖拧紧
　　C. 在加注制冷剂时,应先加润滑油,然后再加注制冷剂
　　D. 在排放制冷剂时可快速排放,以节约时间

(3) 电动涡旋式压缩机在实际应用中,为了防止压缩和受直径的限制,一般蜗旋式压缩机蜗旋圈数为( )圈。
　　A. 1.5~3　　　　　　　　　　B. 2.5~3
　　C. 3.5~4　　　　　　　　　　D. 2.5~4

(4) 不属于电动空调压缩机异响的原因是( )。
　　A. 电机缺相
　　B. 冷凝器风机不正常工作,系统压差过大
　　C. 电机负载过大
　　D. 插接件端子接触不良或松脱

(5) 当讨论损坏的风扇扇叶时:维修人员 A 表示,可以通过焊接来固定松动的扇叶。维修人员 B 表示,弯曲的扇叶可以使用合适的工具来拉直。他们谁的说法正确? ( )
　　A. A 正确　　　　　　　　　　B. B 正确
　　C. A 和 B 都正确　　　　　　　D. A 和 B 都不正确

(6) 不属于汽车空调出风模式的是( )。
　　A. 吹上半身及地板(脚)模式　　B. 吹地板(脚)模式
　　C. 吹尾箱及地板(脚)模式　　　D. 吹前风窗玻璃模式

(7) 不属于汽车空调滤清器可能安装位置的是( )。
　　A. 前风窗玻璃外侧进风槽内　　B. 驾驶位仪表台下方
　　C. 副驾驶位仪表台下方　　　　D. 以上都是

(8) 鼓风机电机为直流电机,其转速改变是通过( )来实现的。
　　A. 调整电机电路的电阻值　　　B. 改变电机的匝数
　　C. 改变电源电压值　　　　　　D. 改变电机型号

(9) 不属于鼓风机异响的原因是（　　）。
　　A. 鼓风机扇叶变形、脱落
　　B. 电机磨损或轴承损坏
　　C. 插接件端子接触不良或松脱
　　D. 鼓风机扇叶内有异物
(10) 不属于空调风道异响的原因是（　　）。
　　A. 风道内有异物　　　　　　B. 膨胀阀损坏
　　C. 风道松动或脱落　　　　　D. 风门电机损坏

2. 判断题

(1) 电动涡旋式压缩机在完成吸气、压缩、排气工作过程，整个过程是间断性的。
　　　　　　　　　　　　　　　　　　　　　　　　　　　　　　（　　）
(2) 电动压缩机在拆装前不需对系统内制冷剂和冷冻油进行回收。（　　）
(3) 空调压缩机长时间不工作时，其高低压应为同一数值，称为平衡压力。
　　　　　　　　　　　　　　　　　　　　　　　　　　　　　　（　　）
(4) 压缩机用于提高制冷剂的压力，使之在系统中循环。而且，压缩机将系统的低压侧和高压侧隔开，进入压缩机的制冷剂是低压稍有过热的气体，而离开压缩机则是高压和高过热的气体。（　　）
(5) 冷冻机油用于对压缩机的运动零件进行润滑，而且机油的特性与制冷剂是不相混合的。（　　）
(6) 在空调故障检修作业中，应确保选择适当品牌和等级的冷冻机油，以保证与所使用的制冷剂的相容性。（　　）
(7) 缺少冷冻机油时，电动压缩机能正常工作。（　　）
(8) 不允许向系统添加过量的润滑油，否则会影响汽车空调制冷系统的制冷量。
　　　　　　　　　　　　　　　　　　　　　　　　　　　　　　（　　）
(9) 风机的作用是将蒸发器周围的冷风吹入车内，达到降温目的。（　　）
(10) 在电动空调压缩机常见故障中，当电动空调压缩机启动时有轻微抖动，电源电流有变化，随后变为零，引起故障的原因是驱动控制器未接收到空调系统的AC开关信号。（　　）
(11) 比亚迪e5的压缩机为永磁同步电机或者永磁直流无刷电机。（　　）

3. 实操练习题

【任务名称】大众ID4空调工作异响故障诊断与排除

【情景描述】某新能源汽车售后服务企业接收到一辆大众ID4新能源汽车，客户反映车辆空调在制冷时，启动功能设置后电动压缩机有异响，初步诊断是电动压缩机故障，需要对该故障进行诊断与排除。请你根据任务工单，在2h内依据车辆维修手册等技术标准和要求，通过检查空调电动压缩机部件、线束、控制模块等，完成大众ID4空调工作异响故障诊断与排除，并形成故障诊断与排除报告，完成后交付验收。

学习任务三 | 新能源汽车空调工作异响故障诊断与排除

电动空调不工作
故障诊断与排除 1

电动空调不工作
故障诊断与排除 2

电动空调不工作
故障诊断与排除 3

附录
本教材配套数字资源列表

序号	资源名称	资源类型	所在页码
1	汽车空调功用	动画	3
2	鼓风机3D结构展示	动画	112
3	电动空调不工作故障诊断与排除1	视频	139
4	电动空调不工作故障诊断与排除2	视频	139
5	电动空调不工作故障诊断与排除3	视频	139

参考文献

[1] 蔡月萍,邱关升.新能源汽车电子电气空调舒适技术[M].西安:西安交通大学出版社,2023.

[2] 徐继勇.新能源汽车空调检测与维修[M].北京:中国劳动社会保障出版社,2020.

[3] 王景智,马博,王旭.新能源汽车电动空调、转向和制动系统检修[M].北京:机械工业出版社,2022.

[4] 敖克勇,周其江.新能源汽车电子电气、空调技术[M].北京:机械工业出版社,2023.

[5] 王新艳,李江江.汽车空调系统检修[M].北京:机械工业出版社,2023.

[6] 陈育彬,魏日成.电动汽车结构与检修[M].北京:机械工业出版社,2022.

[7] 吴飞.汽车空调构造与维修[M].镇江:江苏大学出版社,2015.

[8] 李晓娜,刘春晖,张文志.汽车空调系统原理与检修[M].北京:机械工业出版社,2019.